당신을
떠나는
나날

당신을
떠나는
나날

하워드 브론슨, 마이크 라일리 지음
선우윤학 옮김

큰나무

서

문

"이젠 안녕히······."

여기서 안녕이란 "마침내, 끝났어. 이제 마지막이야. 다시 돌아가지 못할 거야. 그럴 여력도, 의지도 없어."라는 말을 의미한다. 책을 여는 말로는 참으로 어색하지만, '안녕'이라는 바로 이 지점에선 당신에게 우리가 유용한 힘이 되어 주리라 생각한다.

안녕이라 말하고, 두 사람이 다시 만날 가능성이 닫히고, 수화기가 차갑게 놓였다면 먹먹함과 동시에 이별의 고통이 남게 된다. 이 순간 곧바로 새로운 시작을 희망하는 건 지나치게 이른 일이다.

인생을 살며 친구나 부모 혹은 가족을 잃는 아픔을 겪지 않고 성인이 된 사람은 대개 첫사랑과의 이별을 겪으며 감정에 거센 회오리가 인다. 심적으로 건강한 사람이라도 상실의 감정과 여러 번 마주하게 되면 그 고통은 사랑의 상실과 끊으려야 끊을 수 없는 연결 고리를 만든다.

당신이 지금 이 책을 읽고 있다는 사실로 미루어 볼 때, 그와 같은 고통과 다시금 마주쳤을 수도 있고 혹은 생애 처음으로 그런 경험을 하고 있을 것이다. 아마도 이 책을 통해 30일 동안 절망을 희망으로 바꾸고 싶을 것이다. 당부하고 싶은 건 이별에의 회복이 마치 선을 따라가듯 쉽게 이루어리란 생각은 버려야 한다. 어느 날은 기분이 나아지지 않는다고 느낄 수도 있고, 회복이 아프게 다가오는 시간도 있을 것이다. 동상에 걸렸다가 따뜻한 곳으로 자리를 옮기고 다시 몸이 정상이 되기까지 당신이 느끼는 감정은 고통이다.

이 책의 독자

이 책은 사랑하는 사람과의 관계로 고통받고, 이로부터 좀 더 효과적인 회복을 바라는 사람을 위해 쓰였다. 둘 사이의 관계를 청산하려고 한 사람이 당신인지 상대인지는 중요하지 않다. 당신이 다른 사람을 찾아 떠났다 해도 그건 중요하지 않다.

상대와 깊고 특별한 친밀감을 나눠 왔는데 지금 그 관계가 끝났다면, 그로부터 발생한 모든 의미로부터 상당한 상실을 느끼게 된다. 그러한 상실을 불러온 자신의 실수로부터 배우는 것이 없다면, 그 실수는 불안할 정도로 익숙하게 당신을 좇아다닐 것이다.

상실의 감정은 여러 가지 부정적 감정을 불러일으킨다. 어떻게 헤어졌느냐에 따라 각각의 특정한 느낌이 달라진다. 수치심, 슬픔, 두려움, 외로움, 분노, 질투, 복수심, 경멸, 모욕감 같은 감정이 하나 혹은 여러 개로 뭉쳐 어두운 일면을 드러낸다. 그렇지만 이러한 감정이 당신을 완전히 삼키지 않았고, 지금의 고통이 시간이 흐름에 따라 점차 사라지리라 믿는다면 우리가 당신을 도울 수 있다.

다음 세 가지를 깨닫는다면, 사랑의 상실로 인한 고통을 없애는 데 도움을 얻을 것이다.

"한때 사랑은 나의 전부였지만 이제는 마침표를 찍었다."

"그와 관계가 끝나면서 내게 감정의 고통이 가해지고 있다."

"난 이 고통으로부터 벗어나 가능한 한 빨리 건강하고 생산적인 결말에 이르기를 희망한다."

치유의 시작은 당신이 누리던 친밀한 관계가 끝났음을 받아들이는 것으로부터 출발해야 한다. 둘의 관계는 정점을 찍었고, 결국 둘은 헤어지게 되었다.

만약 이별한 대상과 '친구'가 됨으로써 그간의 중요한 애정 관계를 끝맺을 수 있다고 생각한다면 그건 오산이다. 애정으로 이어진 결속이 끊어지면 '버림받은' 느낌으로부터 균형을 회복하는 데는 시간이 필요하다.

이 책이 필요한 독자는?

이 책을 읽기에 앞서 당신이 받아들여야 할 사실은, 둘 사이의 관계가 끝났다는 진실과 마주하는 것이다. 이 책은 스스로에게 솔직하지 못한 사람을 위해 쓰이지 않았다.

당신은 이제 더는 헤어진 사람과 친밀한 시간을 보낼 수 없다. 둘은 더 이상 함께 살아갈 수 없다. 금전적 이유로 어쩔 수 없이 함께 살아야 한다는 변명은 하지 말기 바란다. 할 수만 있다면 지금이라도 당장 그 관계로부터 빠져나와야 한다.

결혼반지, 다정했던 커플 사진, 둘이 커플임을 생각나게 하는 물건은 전부 치워라. 즉 '외롭다'며 밤늦게 상대방에게 전화를 하는 일은 절대 없어야 한다. 혹은 상대방의 목소리만 확인하고 전화를 끊는 상황까지 가서는 안 된다. 고통과 마주하려는 상황을 뒤로 미룰수록 그 고통은 감당하기 어려워진다. 정도를 벗어나, 잃어버린 사랑의 모습을 몰래 훔쳐보기 위해 뒤를 밟는 행동을 하게 된다면 당신은 전문적인 상담이 필요할 수 있다. 스토킹은 공격적인 폭력성을 잠재적으로 내포하는 위험한 행동이다. 사랑을 표현하는 행위가 절대 아니다.

이 책은 깊은 감정적 상처를 감내하는 사람만을 대상으로 쓰이지는 않았다. 섹스, 약물, 알코올중독자에게도 유용할 수 있다. 중독자들은 자신의 상태를 부정하며 뒤로 숨으려는 속성이 있다.

폭력을 가한 사람 혹은 폭력을 당한 사람에게도 유용하다. 당신이 사랑하는 이에게 육체적인 상처를 가했거나, 반대로 상처를 입었을 경우에도 추가적인 도움이 필요하다. 우울하거나 극단적인 상태를 오가는 사람, 오랫동안 간헐적·만성적 우울증을 앓고 있는 사람은 인간관계가 붕괴되었을 경우 극도로 민감하게 반응한다.

자기 자신이나 상대방에게 해를 끼치려는 비이성적인 충동을 느끼는 사람, 혹은 통제가 불가능할 정도로 위험한 충동을 느끼는 사람에게도 도움이 될 수 있다.

서약의 끝

진실로 둘 사이의 관계가 끝이 났다면, 자기 자신에게 회복할 수 있는 기회를 주어야 한다. 헤어진 그 사람은 지금의 당신에게 있어 마약과 같은 존재다. 그로 인해 또 다른 '충격'을 받는다면 당신은 중독된 상태에 머물게 될 것이다. 이제 그만 관계가 끝났음을 받아들여야 한다.

어떤 사람에게는 과거의 연인과 연락을 끊는 과정이 긴 고통의 연장선상에서 발생한다. 특히 이별이 이혼으로 이어질 때 더욱 그러한데, 그 대가를 한평생에 걸쳐 지불해야 할 수도 있다. 이런 경우 고민과 불안 속에서 현명한 판단이 요구된다.

그러나 헤어지는 것만이 서로의 행복을 위한 유일한 길이라면 그것이 최선이며 살아갈 수 있는 유일한 길일 수 있다. 끝내야 할 시간이 되었을 때는 과감하게 판단을 내리고 앞으로 나아가라. 그렇지만 정해진 각본에 따라 이별 과정이 진행되리라는 생각은 버려라.

이별한 사람과 훗날 다시 새로운 관계를 만들어 가기를 바라는 이들도 있다. 충분히 가능한 일이다. 상당수 커플이 다시 동일한 상대와 만나고 있다. 이때 조심할 것은, 재결합하기 전에 양쪽 모두가 신선하고 독립적인 관점에서 서로를 돌아볼 수 있는 기회를 가져야 한다는 것이다.

이별의 상처로부터 회복하는 시간 동안은 서로 떨어져 지내야 한다. 꼭 연락해야 할 상황이 있다면 자녀 양육이나 재산 분할과 관련된 문제를 협의할 때뿐이다.

만약 같은 직장 내에서 근무해 왔다면 새로운 직장이나 서로에게 최소한으로 노출되는 범위로 근무 환경을 바꿀 수 있는지 알아봐야 한다. 무엇을 하든 간에 불필요한 만남을 위한 구실을 찾아선 안 된다.

언제쯤 이별의 고통으로부터 해방될 수 있을까? 상실감을 느끼지 않는 시간이 길어질수록 점차 회복이 이루어진다. 과거의 상대가 정말 그리 좋은 사람이 아니었다면 마음속에서 지울 뿐아니라 용서할 수 있을 때 당신은 완전히 회복할 것이다.

이 책은 그러한 하루하루의 과정을 도울 것이다. 30일이 지나 당신은 원하는 목표에 가까이 다가가 있을 것이다.

이 책이 약속하는 것들

이 책을 그대로 따라 한다고 30일이 지나 당신의 고통이 완전히 사라진다고 공언할 수는 없다. 슬픔에서 헤어 나오는 일은 사람에 따라, 상황에 따라 다르다. 또한 다른 사람에게 맞춰진 일정에 따라 자신의 감정을 억지로 바꾸려는 시도는 현명하지 못하다.

그럼에도 이 책의 방식을 사용한다면, 평생을 함께 한 관계를 끝낸 사람조차 대략 한 달 안에 적어도 터널 끝에 이르러 빛을 볼 수 있으리라 기대한다. 어쩌면 그 후에도 계속 감정의 기복을 경험할지 모른다. 그렇다 하더라도 더는 극심한 감정의 요동에 휘둘리는 일은 없을 것이다.

대부분의 사람에게 있어 30일은, 슬픔과 회복의 과정을 거쳐 자연스럽게 앞으로 나아가기에 충분한 시간이다. 대개 30일이 지나면 친구들과 가족들로부터 '불쌍한 사람'이라는 동정 어린 시선이 점차 사라지고, 당신 또한 자기 자신이 '희생자'라는 생각에서 점차 벗어나게 된다.

단, 갑작스러운 죽음을 겪는다든지 이혼 전문 변호사를 통해 복잡한 논의의 과정을 거쳐야 한다면 이야기가 달라진다. 이 같은 예외를 제외하고, 이 책을 이용한다면 회복의 가능성은 훨씬 긍정적일 것이다.

이 책의 방법을 매일 조심스럽게 따라온다면, 남은 생애 동안 정신적이고 육체적인 건강을 월등히 향상시킬 수 있을 것이다. 지금의 고통으로부터 새롭고 강력한 통찰력으로 세상 밖으로 나올 수 있을 것이다. 지금껏 경험하지 못한 의지력을 바탕으로, 때로는 놀라도록 새로운 힘과 활력이 솟는 것을 발견할 수 있을 것이다.

이 책의 장점

인간관계의 상실과 회복에 관한 글을 보면 대부분의 저자는 감정적인 측면의 치료에 초점을 맞추고 있다. 반면 이 책은 여타 도서와 달리 보다 시야를 넓혀, 감정의 고통으로 인해 중심을 잃어버린 사람들이 쉽게 읽고 적용할 수 있도록 했다.

이 책 어디를 보더라도 화가 날 정도로 가벼운 긍정의 말이나 "참 안됐네."라는 식의 감상적 접근 혹은 불명확한 심리학 용어의 나열은 발견할 수 없다. 이 책은 실질적이고 실용적인 방법으로 당신이 이별로 인한 부정적 감정을 개인적 성장을 이루는 도약을 위한 발판으로 삼도록 도울 것이다.

우리의 조언이 가장 차별화되는 점은 전체로서 모든 문제에 접근하는 데 있다. 우리는 다양한 방법을 이용해 당신이 정신뿐 아니라 육체를 추스를 수 있도록 도울 것이다. 이 시간 당신을 괴롭히는 무시무시한 적들로부터 스스로를 지켜 나갈 수 있도록 도울 것이다. 여기서 적들이란 슬럼프에서 치명적인 우울증까지 이르게 할 수 있는 스트레스와 절망이다.

약물 복용 없이도 스트레스와 우울증을 이기는 방법으로 여기서 제시하는 내용들은 슬픔을 극복하는 데 확실한 효능이 있는 것으로 과학적으로 증명되었다. 이외의 다른 방법도 오랜 역사를 통해 정신을 고양시키는 강력한 방법임이 증명되어 왔다. 어떤 방식은 인간의 의식이 닿을 수 있는 가장 높은 곳으로 당신을 이끌 것이다.

우리는 그저 고통을 없애는 데 만족하고 싶지 않다. 당신이 삶의 모든 것을 경험할 수 있는 더 나은 방법을 보여 주고 싶다.

이 책의 이용 방법

이 책으로부터 최대한 많은 것을 얻으려면 책의 구성을 이해할 필요가 있다. 카운슬링은 두 명의 저자가 두 가지 형태로 자신만의 방법을 통해 진행한다.

저자인 하워드 브론슨은 명상과 성찰을 통해 슬픔을 이겨 내는 데 도움을 줄 것이다. 매일매일 당신이 내면의 아픔을 들여다보고, 마침내 용서와 지혜를 얻게끔 점진적으로 감정을 다스리도록 이끌 것이다.

또 한 명의 저자인 마이크 라일리는 식이요법, 수면법, 호흡법에 이르기까지 자가 치유를 돕는 회복 프로그램을 연구해 왔다. 1일 차의 회복 프로그램 '행동 계획 수립하기'는 당장 읽어 봐도 유용하다. 이를 통해 다른 회복 프로그램을 어떻게 사용해야 할지 자세히 알 수 있을 것이다.

이 책은 30일이란 시간으로 나눠 각 장이 구성되어 있다. 30일은 감정의 흐름을 반영한 시간이다. 각각의 달은 한 편의 소설과 닮아 있다. 한 달은 달의 완전한 순환 주기로 볼 수 있다. 달이라는 개념이 단순한 비유 그 이상을 의미함을 알기 위해 별자리나 뉴에이지 같은 상상력을 발휘할 필요는 없다. 여성들은 자신의 월경주기가 만드는 무시 못할 힘을 알고 있을 것이다. 아니면 대략 30일을 주기로 생물학적 짝짓기가 일어나고 있음을 생각해도 한 달의 의미를 짐작할 수 있다.

이 책을 관통하고 있는 주요한 두 가지 주제는 첫째, 우리가 삶에서 만나고 헤어지는 사람들에 대한 최종 책임은 자신에게 있다는 것이다. 둘째, 언제 그리고 어떻게 행동해야 하는지 아는 것이 모든 갈등을 푸는 열쇠라는 것이다. 우리는 당신이 고통에서 벗어나는 데 어떤 행동이 가장 도움이 될지 스스로 선택할 수 있는 현명함을 갖추도록 도움을 줄 것이다.

이 책은 심리 치료사나 치료를 위한 모임에서 부가적으로 쓰일 수도 있다. 그러나 대부분의 독자는 이 책과 주위 친구들의 조언만으로도 스스로 극복하는 데 주춧돌로 삼을 수 있을 것이다. 기본적으로 이 책을 이용하는 가장 좋은 방법은, 단순하게 한 번에 하루 분량을 소화하는 것이다.

왜 우리의 이야기를 들어야 할까?

이 책을 준비하면서 맞닥뜨린 어려움 가운데 하나는 '우리가 과연 무슨 능력이 있기에 실패한 사랑을 회복하는 방법에 대해 글을 쓸 수 있을까' 하는 고민이었다. 이 책을 완성하는 일은 우리에게 여러모로 도전적인 경험이었다.

대개 사람은 자신의 감정적인 문제를 해결하기 위해 가장 먼저 심리 치료사를 만나지는 않는다. 성공을 보장할 수 없는 데다 값비싼 비용을 치러야 하기 때문이다. 대신 사람들은 주변의 믿을 만한 사람에게 의견을 묻는 것이 일반적이다. 여기서 믿을 만한 인물이란 저명한 칼럼니스트나 미디어 종사자 혹은 심지어 인터넷 작가일 수도 있다.

우리는 정기적인 조언을 하는 사람들만큼이나 다양한 이유로, 믿을 만한 사람 혹은 가족과 같이 사랑이 담겨 있으면서도 지나치게 동정에 얽매이지 않은 균형 있고 객관적인 말을 당신에게 전하고자 한다. 그것이 바로 우리가 이 책에 담고자 하는 내용이다.

당부의 말

우리는 상담을 하는 데 적지 않은 시간과 힘을 투자할 의지가 있는 사람을 돕기를 고대한다. 우리는 저널리스트로서 심리학 및 사회과학의 발전에 대해 수년간 취재했으며, 심리 치료사와 정신과 의사 같은 전문가들을 대상으로 글쓰기와 편집을 해 왔다. 그동안 우리의 방법은 오랜 임상 시험을 거쳐 수천 명에게 검증받아 왔다.

이 방법론으로 상담을 받았던 사람들, 이 방법을 중요하게 받아들였던 사람 모두 결과적으로 호전되었다.

일대일 상담을 원한다면 webmaster@byebyelove.com으로 당신의 경험을 보내도 좋다. 또한 회복과 관련한 좀 더 신선한 내용이나 최신 회복 프로그램을 얻기를 희망한다면 언제든 웹사이트 www.byebyelove.com에 방문하길 바란다. 우리는 당신의 의견을 기다리고 있다.

모쪼록 당신이 사랑과 삶 속에서 자유롭고 현명한 처신을 할 수 있는 능력이 빠르게 회복되기를 희망한다.

하워드 브론슨, 마이크 라일리

혼
독립하기

만나고, 알고, 사랑하고 그리고 이별하는 것이 모든 인간의 공통된 슬픈 이야기다.
-S. T. 콜리지

감정의 줄타기

인간관계가 끝나 버렸을 때의 첫 반응은 '충격'일 가능성이 높다.
그리고 점차 충격이 사라지면서 슬픔이 밀려온다. 그다음은 감정
의 줄타기다.

"자유다. 난 이제 벗어났어. 그런데 절망적이야. 난 몹시 불안하
고 희망적이지만 한편으로는 두려워."

당신의 감정은 각양각색의 파노라마 형태로 점차 넓어질 것이
다. 어린 시절 마지막 수업 시간에 느낀 해방감에서부터 기말고
사에서 원하는 점수를 얻지 못했을 때의 악몽과 같은 기분을 오가

게 된다.

일단 마음을 가다듬어 보자. 오늘은 당신이 마침내 자유를 얻게 된 독립의 날이다. 만약 반쪽을 잃었다는 소식을 주위 친구나 사랑하는 다른 이에게 전한다면, 적어도 오늘만큼은 동정이 담긴 지지를 얻을 것이다.

당신은 이제부터 자신을 추스를 준비를 해야 한다. 곧 얼마 안 있어 (회복 첫날부터는 아니겠지만) 마음속의 엄격한 잣대가 이렇게 속삭일 것이다.

"문제는 너야."

혹은 좀 더 노골적으로.

"당장 해결해."

이때가 바로 공포심이 자리 잡는 순간이다. 당신이 값지게 생각했던 관계가 막 사라졌고, 지금 누군가 당신에게 고된 노역을 부과하고자 한다. 공포에 대한 반응은 대개 암울한 충고가 주는 심각한 톤 때문에 더욱 깊어지게 마련이다. '해결'이란 단어는 기껏해야 자질구레한 집안일 같아, 마치 감정의 쓰레기통을 모두 비워 내야 하는 것처럼 생각될 수도 있다. 이는 참으로 위험한 발상이다.

회의적인 사람은 '해결'해야 할 일 자체를 거부하기도 한다.

"해결? 무슨 일을 해결해? 나는 꽤 오랫동안 사랑했어. 즐겁고 뜻

깊은 시간이었다고."

　'해결'을 거부하려는 이러한 충동은 무언가 죄책감을 느끼기 때문일까? 그건 아니다. 최고의 통찰력을 견지한 상태로 당신은 완전한 사람이라는 것, 당신 본연의 모습으로 향하리라는 걸 언제나 기억해야 한다.

　이 책은 이별의 상처로부터 스스로 회복하는 30일의 여정을 담고 있다. 사랑과 인간의 본질에 대한 새로운 이야기로 당신의 머릿속이 과부하 걸리는 일은 없을 것이다. 무엇인가 복잡하게 생각하는 것보다는 전혀 애쓰지 않는 상태가 더욱 도움이 될 수 있다.

　이 책을 통해 우리는 당신의 상처 난 감정이 충분히 풀릴 수 있도록 할 것이다. 이를 통해 상처입은 마음을 다시 추스를 수 있는 능력과 힘이 당신의 의지에 달려 있음을 깨닫기 바란다.

해결 방법

　그렇다면 어떤 식으로 해결해야 할까? 얼마나 오랫동안 노력해야 할까? 아니 꼭 그럴 필요가 있을까? 어떤 이들의 말처럼 '해결'이라는 단어는 마치 죄수 선고처럼 들리기도 한다.

　지금까지는 사랑을 잃거나 사랑으로부터 벗어나려는 노력을 기울였다면 이제는 회복을 위한 새로운 모험을 시작할 단계.

당신은 주위 많은 사람들로부터 상처를 회복하기 위한 답을 얻을 것이다. 그러한 답들 중 극소수만 현실적으로 온전한 가치가 있다.

한 가지 분명한 건 당신이 상처입었다는 것, 실제로 지금 상처를 입은 상태라는 것이다. 한때는 위안을 주었던 상대가 이제 당신으로부터 힘겹게 떨어져 나갔다. 그리고 지금 당신은 칠흑 같은 어둠 속에 갇혀 있다. 강하고 확실한 빛이 되어 줄 누군가를 필요로 하지만, 주위 사람들이 줄 수 있는 건 겨우 촛불이나 성냥뿐이다.

당신은 현재 민감한 상태다. 전에는 한 번도 이해되지 않던 슬픈 노래가 들리고, 평상시보다 당당하게 보이려고 행동하거나 세상 모든 일에 대해 반항하거나 혹은 자신이 실패했다는 느낌에 사로잡힐 수 있다. 현재 상태가 어떻든 당신은 평소보다 상처입기 쉬운 상태로 노출되어 있다.

주위 친구나 여러 조언자는 장황하고 모호한 지침을 들려 주기도 한다. 그들은 직접 혹은 이메일이나 전화로 당신에 대한 소문을 듣자마자 마구잡이로 조언과 위로의 말을 퍼부을 것이다. 그러한 조언을 전부 귀담아듣다 보면 더욱 혼돈에 빠지게 되고, 어쩌면 간단한 단 한 가지 사실조차 잊어버릴지 모른다.

"당신은 이미 헤쳐 나갈 힘을 가지고 있어요."

《오즈의 마법사》에 나오는 이 말이 지금의 당신에게 진정 필요한 지혜가 아닐까.

주위 사람의 조언은 진심이 담긴 배려에서부터 자기 자랑에 이르기까지 다양하다. 심지어 상처받은 이에게 조언함으로써 자신이 선행을 베풀고 있다고 자만하는 이들도 있다. 고통받는 사람에게 애정 어린 충고를 함으로써 좋은 인상으로 남기 원하거나 혹은 자신의 힘을 암묵적으로 드러내고 싶어 하기도 한다. 이를테면 다음과 같이 말이다.

"나는 너보다 나은 입장에 있어. 최소한 너만큼 고통받지는 않으니까. 나는 네가 그 문제에서 빠져나올 수 있는 해답을 알고 있어. 내 말대로 따라 해."

또는 무관심한 듯 대꾸하는 사람도 있다. "안됐네요, 무슨 말을 해야 할지 모르겠어요." 어쩌면 이들이 가장 솔직한 조언자일지도 모른다.

대개 사람들은 다른 이의 예상치 못한 고통에 어떻게든 도움의 손길을 주고 싶어 하며, 종종 이런 말을 한다.

"괜찮아질 거야."

"남자는 버스 같은 존재야. 버스는 또 올 거야."

"너희는 애초부터 어울리는 사람들이 아니었어."

"바다에 널린 게 물고기야."

진실과 증거

단 하나의 진실은, 어떤 방법이 당신에게 최선일지는 아무도 모른다는 것이다. 어느 누구도 당신이 경험한 방식 그대로 이해할 수 없다.

또한 우리는 다른 사람을 진실로 사랑하는 일은 아주 복잡한 문제라고 배워 왔다. 이러한 사고방식은 지속적인 애정 관계를 '불가능한 목표'로 믿게끔 한다. 실제로 무척 어려운 일처럼 보이기에 어떤 사람은 사랑을 포기하고, 어떤 사람은 눈먼 상태로 희망 없는 관계에 뛰어든다. 혹은 실패한 관계에서 극심한 고통을 경험한 나머지 우울의 나락에 빠져 모든 충고를 비껴가는 극도의 상황에 처하기도 한다.

우리는 현재 정보화 시대에 살고 있다. 엄청난 혜택을 누리지만 동시에 결과가 뒤따른다. 책, 테이프, 인터넷, 세미나 등 원한다면 어디서든 지식을 구할 수 있지만 이러한 풍부한 자료로 인해 오히려 회복에 실패할 가능성도 적지 않다. 과부하가 일어나는 것이다. 이 책의 목적은 그러한 짐을 가볍게 하는 데 있다. 여기 나와 있는 '회복 연습'은 이별 이후의 짐을 덜어 내는 데 있다. 감내할 수 있을 정도의 노력으로, 이전까지 경험하지 못한 하나가 된 자신을 깨닫도록 도울 것이다.

일부 조언자 중에는 결별을 일종의 죽음으로 보는 견해도 있다. 박식한 이들은 결별을 세세히 나눠 평화와 관계로부터의 행복을 다시 맛보려면 어떤 과정을 거쳐야 하는지 일일이 나열한다.

충격, 분노, 부정, 조정과 해결은 치명적인 상실의 슬픔에 따라오는 일반적 과정이다. 그런데 만약 당신이 이러한 감정을 전혀 느끼지 않는다면 어떨까? 그 말은 과거의 갈등이 아직 해결되지 않았음을 인정하는 걸까? 물론 아니다.

이별은 죽음이 아니다. 다만 삶의 한 시기의 죽음 혹은 사랑의 환영에 대한 죽음일 수는 있다. 짧은 시간 안에 그러한 환상을 바로잡을 수 있다면 그 과정을 일부러 지연할 필요는 없다.

시간이 지나면 문제가 드러나기 마련이다. 감정을 치료하려는 목적이 앞선 나머지 과거 수십 년간 많은 사람들이 유행에 휩쓸려 삶과 사랑보다는 치료 혹은 상처에의 관심에 더 많은 시간을 쏟아왔다. 그리고 그 결과는 항상 생산적이지는 못했다. 온 시간을 다 바쳐 자신의 불행에 대해, 혹은 자신과 비슷한 처지의 사람 또는 부모에게까지 비난을 서슴지 않는 그런 화난 사람의 얼굴을 보라.

친밀한 관계가 불행하게 끝나면서 당신은 지금껏 경험한 그 어떤 것보다 가장 추한 결말과 마주할 수도 있다. 최악의 상황을 염두에 두고 마음의 준비를 해야 한다. 당신이 사랑했고, 붙잡았고,

마음 썼고, 가장 친밀했던 그 사람은 미래의 안갯속으로 사라질 조각난 기억에 불과하다.

'가장 가까웠던 사람이 지금 멀리 떠나가고 있다. 친밀했던 사람이 낯선 이처럼 혹은 적대자처럼 행동한다. 어떻게 이럴 수 있을까? 왜 이런 식으로 되어야 할까?'

당신은 얼마나 오랫동안 이런 복잡한 질문에 시간을 허비하고 나서, 현재와 미래의 행복에 대해 효과적인 행동을 취할 수 있을까?

한번 이별의 좋은 면을 생각해 보자. 인생에서 가장 보람찬 시간을 만들 수 있는 기회를 부여받았다고 말이다. 삶의 진실을 머뭇거리면서 배우지 않고, 미워하지 않으면서 치유할 수 있는 최선의 기회를 얻었다고.

오랜 시간 동안 상처는 다른 사람과 관계하려는 노력을 왜곡하고 부정적인 영향을 미칠 수 있다. 이를테면 단지 상실감을 채우기 위해 사람을 찾게 되는 경우다. 새로운 것은 좋기에 새로운 인간관계 또한 그전보다 나을 것이라는 기대를 한다. 새로운 사람을 만나 사랑을 하면 모든 것이 제대로 돌아갈 것이라 생각한다. 그러나 새로운 관계마저 성공적이지 못하고, 한때 옛사랑에게서 느꼈던 편안함을 얻지 못한다면 어떤 일이 발생할까?

사람의 욕망 밑바닥에는 익숙한 편안함으로 돌아가고자 하는 마음이 깔려 있다. 과거에 당신을 만들고 제한하고 규정한 습관적인 방식으로.

만약 이 같은 일이 되풀이된다면 당신은 매번 똑같은 딜레마에 빠질 것이고, 결국 새로운 미래를 설계하지 못한 채 불신의 벽에 갇힐 것이다. 당신이 옛사랑에게 했던 숱한 실수가 새롭게 만날 사랑 앞에서도 계속 시험대에 오르게 될 것이다.

온전히 상처를 회복한 뒤에는 어떨까? 아마도 당신이 추구하려는 새로운 삶과 새로운 인간관계가 훨씬 좋아질 것이다. 그저 새롭기 때문이 아니라 당신이 붙잡고 있는 믿음을 새롭게 한 까닭이다. 그때가 되면 당신은 사랑하는 법을 알게 될 것이다.

다시 처녀나 총각의 상태로 돌아가는 것은 불가능한 일이지만 누군가를 순수하게 사랑할 수 있는 열린 마음은 되찾을 수 있다. 시간, 치유의 노력, 적절한 통찰이 바탕이 된다면 예전과 분명한 차이를 만들 수 있다.

오늘 첫날은, 안도감이든 낙담이든 무엇을 느끼든 간에 꼭 되새겨 봐야 할 상실이 있다. 애써 무언가를 하려고 하지 마라. 남들이 꼭 하라는 어떤 것도 섣불리 시도하지 마라. 어설픈 움직임은 자기 자신이 부족하다는 느낌만 가져올 뿐이다.

과거 연인에게 안녕이라고 말했듯 뭔가를 해야 한다는 고정관념에 안녕을 고하고, 이 책에 나와 있는 통찰과 회복 프로그램을 사용해 무수한 조언 사이를 헤쳐 나가길 바란다. 우리가 그 과정을 보다 단순하게 만들어 줄 것이다. 30일에 걸쳐 새로운 비전을 껴안고 자유를 누리게끔 도울 것이다. 당신이 언제나 원했던 그 방식으로 사랑하고 사랑받을 수 있는 자유를.

하루를 시작하는 건, 마음을 하나로 추스르고 새롭게 나아갈 준비가 되었다는 뜻이다. 당신이 준비되었다면 우리도 준비되어 있다. 다른 사람이 아닌 자기 자신에게 다음과 같은 서약을 하기를 부탁하며 오늘 첫날을 시작하고자 한다.

서약서

나 _____는 가슴이 온전치 못하고 괴로운 마음을 가지고 있다는 걸 고백한다. 이제는 내 자신이 작아지고 움츠러들고 온전하지 못하다는 느낌을 멈추려고 한다. 다시 한번 내 자신이 성장하기를 기대한다. 나는 사랑하고 사랑받는 관계를 균형 있게 지속적으로 채워 나가고 싶다. 내 마음이 다시 준비가 되었을 때 열정적인 사랑도 가능할 것이다.

다음 30일 동안, 나는 내 가슴을 치유하기 위해 필요한 모든 것을 함으로써 삶을 나아갈 것이다. 그 어떤 노력을 기울여서라도 모든 것이 제자리를 찾도록 할 것이다. 자유롭고 완전한 내 자신으로 돌아갈 것이다.

헤어진 그 사람과 다시 만나게 될지도 모른다. 그건 중요하지 않다. 나는 이별을 통과함으로써 그 사람과의 관계를 이끌어 왔던 자기 파괴적이고 낡은 방식을 끝내려고 한다. 나는 어떤 이유로든 헤어진 그 사람에게 전화를 하거나 말을 붙이지 않을 것이다. 당장은 달콤해 보이는 그 사람과의 화해를 희망한다면 지금 끝내는 것보다 후에 더 많은 상처를 입게 될 것임을 이해한다.

앞으로 30일간 나는 충분히 사랑받을 가치가 있고, 행복할 필요가 있으며, 아무도 나의 권리를 빼앗을 수 없다는 사실을 다시 한 번 확인할 것이다. 내가 가진 좋은 점과 사랑스러운 점을 재발견할 것이다. 그리고 다시 마음을 열고 다른 사람과 사랑을 나누고, 로맨스라는 감정 없이도 사랑은 언제나 참신한 그 무엇이라는 느낌을 깨닫고 행복할 것이다.

_____ (서명)

자, 이제 남은 하루 동안 이런 생각을 해 보자. 그동안 당신은 열린 마음으로 사랑을 맞이하기 위한 노력을 기울여 왔다. 위험을 감내하면서 속마음을 용기 있게 드러내고자 했다. 그 사실에 만족함을 느끼기 바란다. 사랑의 위험을 감수하고 스스로 용기 있는 존재임을 밝힌 것이다. 그럼 그와 같은 용기를 바탕으로 효과적인 회복을 꾀하고, 당신이 바라는 미래의 날들 속에서 다시 뜨겁게 사랑할 준비를 하자.

속마음

잠자리에 들기 전, 당신을 행복하게 만드는 개인적인 목록을 만들어 보자. 사랑이 그중 하나라면 솔직히 표현해도 좋다.

그리고 그 목록과 슬픈 사랑이 남긴 것들을 비교해 보자. 물론 고통스러울 것이다. 그러나 사랑을 받아들일 준비를 하고 있다면, 당신이 다양한 사랑의 감정을 느낄 수 있음을 깨달을 것이다.

슬픔의 경험은 험난한 재앙이 아니라 인생의 굴레에서의 또 다른 전환점에 불과하다. 슬픔은 행복을 위해 당신이 적극적으로 노력했음을 보여 주는 증거와 같다. 다시금 기회가 왔을 때 자신을 표현하고 드러내는 일은 많은 위험부담이 있다. 그건 행복하고 만족스러운 삶 속에서 언제나 묻어 나오는 가슴 찡한 사연들이다.

당신의 삶은 고통, 슬픔, 후회, 반성, 성장, 성공, 평화로 이루어져 있다. 그리고 그것들이 다시 반복되게 마련이다. 지금 당신이 슬픔과 고통을 느끼는 자체가 살아 있다는 증거인 셈이다. 그런 감정이 성장을 촉구하는 자극제가 되도록 사용해 보라.

1일 차. 회복 프로그램
행동을 위한 계획 세우기

슬픔이 우울에 잠기는 것을 막기 위한 최선의 방법 중 하나는 행동을 취하는 것이다. 어떤 행동? 그건 당신에게 달려 있다. 우리가 권하는 제안은 회복 계획을 세우는 것이다. 그 계획에는 다음과 같은 내용이 포함된다.

"나는 내 자신과 타인에 대한 긍정적인 느낌을 회복하기 위해 충분한 시간 동안 몇 번이라도 노력을 기울일 것이다."

계획대로 되지 않는다고 걱정할 필요는 없다. 할 수 있는 한 최선을 다하면 며칠 사이 분명 기분이 달라질 것이다.

계획 수립

이 책은 각 장의 뒤에 회복 프로그램이 실려 있다. 먼저 회복 프로그램을 전부 살펴보고 그중에서 선별해 실천 목록을 만들어보자.

계획서를 작성했다면, 머리맡이나 일하는 공간에 놓아두고 하루에 한두 번씩 들여다보자. 또한 그 약속들을 최대한 자주 실천하도록 노력하자. 자신의 감정과 삶을 조절할 수 있다는 확신을 가지게 되면 자기에게 꼭 맞는 계획을 실천하고 이를 지속해 나가는 능력 또한 향상될 것이다.

기초 사항

'회복 계획서'에 들어갈, 우리가 강력히 추천하는 실천 목록이다.

1. 건강한 식습관(8일 차 참조)

2. 적당한 수면(4일 차 참조)

3. 휴식과 명상(19일 차 참조)

4. 운동(5일 차 참조)

5. 호흡 연습(16일 차 참조)

6. 두려움 떨치기(29일 차 참조)

7. 화 조절하기(12일 차 참조)

8. 역설 이해(22일 차 참조)

9. 시간 계획(3일 차 참조)

10. 유머(14일 차 참조)

목록 만들기

'회복 계획서'의 실천 목록은 당신이 선택하는 것이다. 우리가 제안하지 않은 것이라도 당신에게 유용하다고 생각하는 것을 포함시켜라. 이를테면 이번 기회에 별로 도움을 주지 않는 습관을 고쳐 보는 건 어떨까? 꼭 흡연과 같은 큰 골칫거리일 필요는 없다. 예를 들면 다음과 같다.

자세 곧추세우기 자세를 바르게 하면 숨쉬기가 원활해지고, 미묘하지만 그 사람의 자긍심, 존엄성, 당당함을 표현해 준다.

사무실과 거실 공간을 청소하기 통제하기 힘든 혼란스러운 느낌을 덜어낼 수 있다.

실내 환기 숨쉬기 연습이 효과적으로 이루어지도록 한다.

만약 이러한 실천 지침을 실행에 옮긴다면 단시간 안에 기분이 나아질 수 있다. 물론 모든 일은 당신이 어떻게 하느냐에 달려 있다.

2일 날
표현하기

울고 난 후

이별 후 다음 날은 착잡한 마음으로 아침을 맞이하게 된다. 대부분의 사람들은 침체된 상태로 숨어 지내다가 자신의 삶에 있어 커다란 일부가 사라졌다는 불행한 사실을 떠올리게 된다. 오늘은 상실의 슬픔을 경험한 그다음 날이다.

오늘은 중요한 진실을 돌아보는 시간을 갖도록 하자.

당신은 당신의 의도를 알지 못하는 사람에게 시간을 사용할 필요가 없다. 당신의 중심을 알지 못하는 사람은 당신이 주는 사랑을 완전히 이해할 수 없다. 그 사실은 상처가 된다. 또한 당신은 그 상처의 고통으로 의지가 마비될 수도 있다. 누구도 당신의 고통을 온전히 이해하기 힘든 만큼, 그 고통은 쉽게 사라지는 성질의 것은 아닐 것이다. 그렇지만 그 고통을 겪고 지나며 상처는 점차 치유될 것이고 그 경험으로부터 당신은 다시 태어날 것이다. 올곧은 의지가 있다면, 당신은 그 어느 때보다 강하고 힘차게 성장할 수 있다.

자신을 치유해 가며 당신은 알아 갈 것이다. 우울과 무력감은 문제를 피하기 위한 잘못된 선택임을. 잘못된 선택은 약함, 두려움, 화를 표현하게 만들 뿐 결코 치유, 사랑, 희망을 표현할 수 없음을.

처음 고통에서 벗어나고자 할 때는 풀지 못한 불안이 잠재한다. 과거 옛사랑의 이름과 그와 관련한 기억이 계속해서 당신 안으로 침투해 들어올 것이다. 그러다 시간이 지나면 옛사랑의 이름은 사라지고 당신 안에는 지혜가 자리 잡을 것이다. 강렬한 슬픔에도 자신을 돌아보고자 노력한다면 기쁨과 웃음으로 보상받을 것이다.

당신이 어떤 삶을 선택하든 자신의 상황에 대해 깊이 이해한다면 자신에 대한 자립, 용기, 진정한 기쁨을 맛볼 것이다. 이별은 그 고통의 의미와 목적에 대해 생각할 시간을 가질 경우, 자기 본연의 모습과 가치에 대해 굉장히 많은 것들을 가르쳐 준다.

한편, 그러는 동안 잠시 정상적인 기분 혹은 해방감을 느낄 수도 있다. 그렇지만 대부분의 사람은 상실의 느낌과 혼자라는 두려움을 동시에 맞는다. 마치 사랑하는 이가 이 세상에서 영영 사라져 버렸다는 생각을 하기도 한다. 다시 말하지만, 무엇을 느끼든 간에 중요한 것은 지금 당신은 슬픔으로 위장한 자기 회생의 길을 걷고 있다는 사실이다. 새롭게 다시 태어나려면 슬픔과 회생의 과정이 어떻게 다른지 반드시 이해해야 한다.

이별의 상처는 일반적인 슬픔의 노선을 따라가지 않는다. 이별 후 당신의 상태는 충격에서 화로 급작스럽게 바뀌고 아주 오랫동안 혼란 속에 머문다. 때로 자신의 상태를 부정하고, 굳이 알고 싶어 하지 않을 수도 있다. 마치 공포 영화를 볼 때처럼 그 상황 속에 있지만, 그 같은 상황을 겪고 싶어 하지 않는 것과 같다. 만약 당신이 '고통이라 말할 것도 없다'는 식으로 접근한다면, 다시 한번 자신을 궁지에 빠뜨리게 될지도 모른다. 다시 예전과 같이 사랑을 하고, 예전과 같은 고통 속에서 이별할 가능성이 높다. 문제는 자신의 고통을 충분히 들여다보지 않는 데 있다. 보통 이별한 사람들은 자신을 그저 선량한 희생자라고 생각하기 쉽다. '상대가 곧이곧대로 하지만 않았어도'라는 식으로 말이다. 자신이 했을지 모를 실수 혹은 죄에 대해서는 책임지고 싶어 하지 않는다. 설사 자신의 잘못을 솔직히 인정한다 해도 지금과 같은 상처에 민감한 상태에서 그 대가는 너무 크게 마련이다.

그럼에도 지금의 감정, 깊은 진실을 이해하려고 애쓰지 않는다면 당신의 고통은 그 자리에 계속 남아 있게 된다. 맞서지 않으면 사라지지 않을 고통이라면, 당장 시작해 보는 건 어떨까? 지금부터 29일간에 걸쳐 지혜를 발휘해 스스로 헤쳐 나가는 건 어떨까? 만약 이 시간 동안 진정한 자신과 화해할 의지가 있다면 당신은 그리 오래지 않아 어둠의 무대에서 내려올 것이다.

지나친 슬픔은 정상적인 통과의례가 아니라 합리적인 과정을 막아선 벽이 될 수도 있다. 이 책은 그 벽을 깨고 나오기 위한 안내서 역할을 할 것이다. 하지만 어두운 감정에서 빠져나오는 데는 어느 정도의 시간이 필요하다. 오늘의 목표는 당신이 무엇을 느끼는지 살피고, 그것이 흘러나오도록 만드는 것이다.

웃거나 소리 지르거나 울거나 웅크리고 싶다면 그렇게 하라. 오늘은 상황을 받아들이고 자신을 솔직하게 표현하는 날이다. 무엇을 하든지 진실한 느낌을 막아서는 안 된다. 자신 안에서 흘러나오는 감정을 마치 다른 사람의 것인 양 바깥에서 바라보라. 단, 누군가에게 잘못을 전가하는 데 시간을 허비해서는 안 된다. 또한 스스로에게 비난의 화살을 돌려 소중한 시간을 낭비해서도 안 된다.

이별은 우리가 누구든, 무엇을 하든지 간에 일어날 수 있다. 만약 잠시 쉬고 싶다면 깊이 숨을 들이쉬고 이별한 두 사람 사이에 어떤 징조가 포착되었는지 살피고, 이제야말로 정말 이별을 고해야 할 시간이라는 상황을 받아들여라. 그때부터 치유가 시작될 것이다. 자신에게 정직함으로써 당신은 앞으로 다가올 미래에 커다란 기회를 얻을 것이다. 그 기분을 느끼고 숨을 깊이 들이마시고 진실과 마주하며 앞으로 나아가라.

하나 주의할 점은, 감정은 종종 특정한 신체 느낌을 수반한다는 점이다. 예를 들어 그리운 감정은 복통으로 나타나고, 버려짐 또는 상실의 감정은 실제로 가슴에 구멍이 뚫린 듯 느껴지고, 자기 비난 또는 두려움은 몸의 마비 증세로 나타날 수도 있다.

나는 과거를 돌아보며, 인간관계는 '거울' 같다고 생각했다. 종종 상대는 나의 특징과 단점을 비춘다. 다음의 연습을 통해 당신 자신의 느낌을 덜 부담스럽게 돌아볼 수 있도록 하자.

짧은 명상

당신은 어디에 있는가? 잠시 시간을 멈추고 명상에 잠겨 보라. 마음이 편안하고 정갈해지도록 숨을 들이쉬어라. 그리고 거울에 자신을 비춰 보자. 깊게 자신의 눈을 들여다보자.

지금 이 순간, 무엇을 느끼는가? 당신의 얼굴은 마음의 상태를 표현하고 있는가? 표정은 또 무엇을 이야기하고 있는가? 깊은 눈동자 속에 어떠한 이야기가 담겨 있는가? 어떤 감정이 느껴지는가?

거울 속 당신의 모습을 통해 어떠한 감정을 느낄 수 있었다면 지금의 그 느낌을 기억하라. 단, 그 감정에 매여선 안 된다. 붙들려 있어서도, 탐닉해서도 안 된다. 그 느낌을 기억하고 살피면서 조금씩 알아 가길 바란다. 당신이 입고 있는 옷의 일부가 찢어져 손볼 필요가 있다는 정도의 분명한 인식이 필요할 뿐이다.

그동안 당신은 자신이 아닌 연인에게 사랑과 정성을 쏟아 왔다. 그리고 이제는 그 사랑을 끌어와 당신을 치유하는 데 써야 할 때다. 자신에게 필요한 변화에 대해 마음을 열어 두자.

변화하려면 자신의 가장 연약한 부분을 드러내야 하기에 그 자체가 상처로 느껴질 수도 있다. 스스로에게 물어보자. 당신은 지금 홀로 부정적인 느낌이 가득 찬 방에 앉아 있다. 단번에 그 방을 탈출할 용기가 있는가? 대개 사람들은 자신의 부족함에 눈을 돌리기를 두려워한다. 그 두려움 때문에 금세 풀릴 문제를 해결하지 못한 채 남겨 둔다. 이제는 그런 패턴을 깨뜨려야 할 시간이 아닐까.

나쁜 감정

자신에게 해가 되는 감정을 정화하자. 더는 부정적인 감정은 필요치 않다. 나쁜 감정을 털어 내기 위한 현명한 방법 중 하나는 눈물을 억누르지 않고 쏟아 내는 것이다. 눈물에 휘둘리는 것이 아니라, 좋은 울음을 밖으로 내보내기 위한 유용한 방법을 소개한다.

눈물이 마를 때까지 울기

울고 싶은가? 그렇다면 참지 말고 울어라. 당신 자신을 위해.

눈물은 단지 감정을 표출하는 수단이 아니다. 가슴속 상실로 인해 눈물을 쏟을지라도 그것은 실제로 몸속의 독소와 노폐물을 정화시켜 준다. 혈액과 창자에서 액체나 고체 상태의 노폐물을 제거함으로써 독성을 없앤다. 콜로라도 의과대학의 한 교수는 울음의 화학적인 효과를 측정했는데 '마음껏 눈물을 흘린' 사람이 그렇지 않은 이들에 비해 호전되는 속도가 빨랐다고 보고했다.

수분 혹은 노폐물 제거를 위해 나오는 눈물과 슬퍼서 우는 눈물 사이에는 화학적인 차이가 존재한다. 예를 들어, 울음 속의 눈물에는 혈액보다 30배나 풍부한 망간이 들어 있다. 생화학자들에 따르면, 망간은 스트레스로 인해 쌓인 세 가지 화학 요소 가운데 하나로 유일하게 '울음'으로 씻겨 나가는 물질이라고 한다. 그러므로 자주 우는 사람이 더 건강하다는 발견은 놀라운 일이 아니다.

피츠버그 간호대학의 마거릿 T. 크레포 Margaret T. Crepeau 교수 또한

1980년에 〈세 가지 건강 상태에 따른 성인 남자와 여자 사이에서의 울음의 의미와 행동 비교 연구〉에서 남성과 여성 모두 건강한 사람은 평소 눈물이 많다는 연구 결과를 발표했다. 또한 궤양이나 대장염이 발병할 확률도 줄어든다고 한다.

우울증은 흔한 감기 증상에 앞서 발생하기 때문에, 연구자 매를 재캘Merl Jackel은 감기는 '억눌린 눈물이 상징적으로' 표출된 것일지도 모른다고 말한다. 다른 연구자들은 천식이나 두드러기조차 눈물의 억제와 연관이 있을지 모른다고 생각해 왔다.

마음이 건강해지고 슬픔을 회복하는 데 눈물이 도움을 주는 것은 분명하다. 예를 들어, 가슴의 응어리를 울어서 풀어내라고 하는 주변 사람들과 함께 있는 미망인은 반대로 감정을 표현하지 못하는 사람들보다 쉽게 회복된다. 어떤 연구자들은 남편과 사별한 부인보다, 부인과 사별한 남편이 일찍 세상을 떠나는데 그 이유는 여성이 좀 더 자유롭게 울도록 사회적으로 용인되었기 때문이라고 결론 내렸다. 다른 조사자들 역시 남성은 가족의 죽음과 같은 커다란 상황을 맞으면 극심한 스트레스로 일찍 생명을 잃는다는 걸 발견했다. 남성이 감정을 억누르는 관행이 그러한 차이를 만든 것으로 일반적으로 생각되고 있다.

어쩌면 당신은 이렇게 대답할지 모른다.

"울고 싶을 때 우는 게 좋다는 건 알고 있지만…… 나는 잘 울거나 하는 사람이 아닙니다."

울음으로 자신을 표현하는 건 타고나는 것이 아니라 살면서 만들어지는 것이다. 누구든 연습을 통해 자신의 감정에 따라 눈물을 흘릴 수 있다.

상실에 대한 느낌을 씻어 내리려면 하루 15분 정도 울 수 있는 시간이 필요하다. 요양원의 많은 노인들이 상실을 덜어 내는 데 사용되었던 '울음을 끌어내는' 세 가지 방법을 소개한다.

첫째, 슬픔이 느껴지는 음악을 틀어 놓는다. 예를 들어, 영화 〈타이타닉〉의 OST처럼 마음을 움직이는 음악을 듣고, 그 음악이 얼마나 슬프게 당신의 영혼에 말을 거는지 느껴 보라.

둘째, 오른손을 가슴 위쪽 가운데 가볍게 얹고, 눈을 감고 짧고 작게 숨을 들이쉰다. 마치 흐느끼기 시작할 때의 상태인 것처럼 느껴 보라. 급작스럽게 호흡할 필요는 없다. 울 준비가 되었는지에 주의를 기울이는 것이 중요하다.

셋째, 천천히 숨을 쉬며 당신을 매우 슬프게 했던 일을 떠올려 보자. 굳이 잃어버린 사랑에 대해 생각할 필요는 없다. 머릿속의 내용보다는 그 생각이 만드는 결과가 더 중요하다. 즉, 울 수 있는 충분한 분위기를 이끌어 내는 것이다.

어떤 사람은 수년간 울어 본 일이 없어 한번 울음이 터지면 도무지 멈추지 못한다. 몇 주에 걸쳐 눈물이 그치지 않을 수도 있다. 그렇지만 한 번에 많은 눈물이 나지는 않는다. 대개 하루 20분을 넘기지 못하고 눈물이 마른다. 만약 당신에게 이러한 일이 일어난다 해도 당황할 필요는 없다. 울음으로써 막혀 있던 감정이 터져 나오고, 감정 수위가 안정적으로 조절된다.

대다수의 사람은 '자신이 주인공인, 잃어버린 사랑이 등장하는 드라마'를 보면서 눈물 흘리는 걸 점차 지루하게 느끼게 된다. 이는 곧 매일 의도적으로 울려고 노력하면 그만큼 빠르게 회복할 수 있음을 의미한다. 이별한 그 사람을 그리워하며 눈물을 흘리기 위해 노력하면 할수록 우는 일이 점점 어려워질 것이다.

다행스런 사실은 바닥에 흘린 우유는 빠르게 부패한다는 것이다. 자신의 감정변화를 지켜보기 바란다. 마음속 슬픔은 평생 지속되지 않는다. 슬픔이라는 벽에 갇혀 있을 필요 없다. 회복이 아닌 슬픔으로 시간을 낭비하는 그만큼 미래의 기쁨이 사라질 테니.

3월 날
파고듦

나쁜 감정

주변 사람들은 당신의 이별 이야기에 귀를 기울이고 위로를 건넬 것이다. 이렇듯 다른 사람에게 자신의 이야기를 하는 일은 상대와 감정을 나눔으로써 상당 부분 마음을 정화한다. 그러나 이런 수많은 말들 중 일부는 당신이 떨쳐 내야 할 경험의 독설에 불과하기도 하다. 만약 이러한 부정적인 감정을 계속 반복해서 자기 것으로 만든다면, 그런 느낌들은 결코 사라지지 않는다.

그렇다면 다른 시각에서 보도록 하자. 당신이 목감기에 걸렸고 비타민만 있으면 사흘 안에 나을 수 있는데도, 며칠이고 계속 놔

돼서 결국 큰 병에 걸리길 원하는가? 마찬가지로 아주 짧은 시간 안에 상처 난 감정을 회복할 수 있는 논리적이고 믿을 만한 방법이 있는데도 질질 끌며 자신을 방치할 것인가? 그러기에 인생은 너무 짧다.

오늘은 당신을 위한 특별한 휴일을 준비했다. '안식의 날'이라고 부르자. 마음이 아픈 시간을 좀 더 연장하는 대신, 하루 날을 잡아 모든 고통에 대해 마침표를 찍는 시간을 가지는 것이다.

왜 우리는 평생 사랑의 잔인한 운명을 안타까워하며 살아야 할까. 그건 다시 '일'을 만들려는 행위와 다름없다. 자신한테 부담을 지우려는 사람이 많거나, 뭔가 해야 한다고 주장하는 사람이 많을수록 약해질 위험은 더욱 커진다. 자신이 상황을 바꿀 수 있는 능력이 없음을 깨닫는 건 무의식에 긍정적인 메시지를 주지 않는다. 그러므로 당신이 시도해 보기 전까지는 '안식의 날'을 무시해서는 안 된다.

우리의 스케줄상에 안식의 날은 단지 하루만 배정되어 있지만, 처음에 잘되지 않는다면 다시 한번 시도해 보길 바란다.

첫째 날에 만들었던 목록을 가지고 있는가? 그것들 중 어느 정도를 오늘 실천할 수 있는가? 하루 정도 실천 목록을 건너뛰고 다른 일을 하고 싶다면 그렇게 하라. 자유를 즐기는 데는 두 가지 목표가 있다. 첫째, 자신을 파괴하는 행위가 아니라 하고 싶은 일에 완전히 몰두하면서 그것을 즐기는 것. 둘째, 상처받기 쉬운 아이처럼 자신을 다루는 것. 해를 끼치지 않는 이상 마음껏 하고 싶은 것에 빠져 보자.

휴식을 취하면서 지난 일을 되새겨 보는 시간을 가져 보자. 웃고 싶으면 웃고, 울고 싶으면 울어라. 텔레비전 드라마나 운동 경기나 코미디를 보며 정신적인 부담을 떨쳐 버리자. 식이섬유를 많이 섭취하고, 얼굴의 모든 근육을 풀어 보자. 내면의 긴장부터 풀어 보는 것이다. 뭔가 해야 할 '일'이란 생각을 버리자. 안식의 날 동안 집중적으로 감정의 독을 빼는 시간을 갖자.

당신은 얼마 전까지 한 사람 혹은 그 상대를 둘러싼 다른 이를 사랑하기 위해 노력해 왔다. 지금 당신은 몹시도 지친 상태다. 휴식을 취해야 한다. 오늘이 바로 그날이다. 사랑스러운 당신에게 특별한 시간을 갖게 하라.

'이랬으면 어땠을까, 그랬어야 했는데' 하며 하루를 보내지 마라. 당신의 머릿속에서 과거가 얼마나 아름답게 재현될지 몰라도 그 환상에 살아선 안 된다. 대개 당신이 상상하는 것처럼 과거의 모습이 아름답지는 않을 것이다. 당신이 할 일이란 그저 과거를 모두 떠나보내고 '안식일'로부터 잠시 휴식을 갖는 것이다.

시간 활용하기

당신은 어쩌면 자신의 슬픔이 파도처럼 들어오고 나가는 느낌을 받을지 모른다. 내·외부의 사건으로 깊은 상실의 고통이 만들어지기도 한다. 만약 당신이 가장 상처입기 쉬운 순간을 예측할 수 있다면 어떨까? 고통에 잠식당하지 않을 수 있을까?

당신은 다른 어느 때보다 고통에 쉽게 노출되는 날이나 주, 달, 계절이 있다는 걸 알고 있는가? 감정의 시계와 달력을 예측할 수 있다면 자신을 방어할 수 있다.

목록 적기

자신을 방어하기 위한 계획을 세우는 첫 단계는 자신에게 안 좋은 시간을 정리하는 것이다. 일주일 중 어느 요일에 가장 힘이 드는가? 아마도 주말에 혼자 있을 때 침묵의 소리가 외로움을 압박하는 순간이 아닐까. 아니면 자신과 과거 연인에게 특별했던 요일이 있는가? 어쩌면 매주 약속을 정하던 금요일이 생각날 수도 있다.

자신에게 가장 힘든 날이 언제인지 파악하고 나면 그 빈 시간을 똑같이 채워줄 활동을 찾아야 한다. 오래도록 꿈꿔온 일이 있는가? 꼭 한 번쯤 경험해보고 싶었지만 엄두가 나지 않았던 일 말이다. 어떤 수업을 듣는다든지, 봉사 활동을 한다든지, 글쓰기를 시작할 수도 있다. 당신에게 주어진 자유의 시간을 바쁘게 살아 보자.

또, 하루 중 가장 힘든 시간은 언제인가? 아침에 눈을 뜨면 여전히 외롭다는 걸 느끼는가? 아무도 맞아 주는 사람이 없는 집에 돌아올 때인가? 만약 그렇다면 현관에 들어서자마자 좋아하는 음악을 틀거나, 애완동물을 새로운 가족으로 맞는 방법이 있다.

혹은 일과가 끝난 후 과거 연인이 머물렀던 그 공간으로 다시 가야 할 때 당신은 힘이 드는가? 더는 그곳에서 상대가 당신을 맞아 주지 않을 때 홀로 외로움을 느끼는가? 그렇다면 그곳에 가려는 생각조차 피하는 것이 좋다. 옛사랑과 우연히 마주치더라도 흔들리지 않을 자신이 생기기 전까지는.

특별한 날들

추수감사절과 새해에는 마음의 준비가 필요할 수 있다. 밸런타인데이나 1월 초순 연휴 기간에 찾아올 수 있는 슬럼프를 조심하라. 이런 때는 '혼자' 혹은 '버려졌다'는 느낌을 받을 수 있는 힘든 시간이다. 이 날들 중에 혹시라도 혼자 있게 되거든 사랑하는 가족이나 친구들과 시간을 갖기 바란다. 그들이 따스한 애정을 담아 당신의 빈자리를 채워 줄 것이다.

만약 가까운 주변에 그런 사람이 없다면, 당신보다 더욱 애정을 필요로 하는 사람들을 찾아 그들에게 포근함을 안겨 주는 건 어떨까. 가까운 곳의 요양원이나 노숙자 혹은 동물들의 보금자리 등 도움을 요하는 기관에서 자원봉사를 해 보자. 이런 활동은 고통을 주기는커녕, 깊은 상실감에 옥죄는 상황에도 불구하고 자신이 얼마나 행운아인지를 깨닫게 한다.

또한 힘겨운 시간은 종종 계절과 연관되어 있다. 매섭고 차가운 겨울이 계속되는 지역에서 살거나, 매일매일 음침한 하늘만 보게 된다면 일조량 부족으로 정서 장애를 겪게 될지도 모른다.

사람들은 따뜻하고 햇볕이 비치는 곳으로 여행을 떠나 안정을 찾기도 하고, 인공적으로 햇볕을 보충하기도 한다. 한 연구에 따르면, 침대 커버 밑으로 무릎에 빛을 쬐는 것만으로 치유의 효과가 있다고 한다.

이는 허구가 아닌 사실이다. 만약 당신이 계절과 궁합이 맞지 않아 우울을 느끼고 있다면 전문가에게 도움을 요청해 당신이 무엇을 해야 하는지 알아볼 수 있다.

4월 날
존중하기

우리가 변하기 전에는 아무것도 변하지 않는다.
-앤드류 매튜스

자존감 회복

당신은 상대와의 관계를 유지하기 위해 지나칠 정도로 노력을 기울이지는 않았는가? 뒤로 한 발짝 물러서서 자존심을 거두고 싸움을 피하려고 모든 걸 감수했는가 아니면 상대를 만족시키기 위해 자신을 부정하거나 스스로를 억눌렀는가? 어쩌면 당신은 필요하다면 언제든지 연인에게 달려갈 준비를 하고, 얼마나 많은 대가를 치러야 하는지 아랑곳하지 않고 상대를 변화시킬 수 있으리라는 희망을 품고 있었는가? 그런 방식은 바람직하지 않다. 도움의 손길을 필요로 하는 아주 극소수의 사람만이 당신의 희망대로 움직일 것이다. 무조건 도우려는 행위에는 종종 통제의 욕망이 숨어 있다. 지고지순한 사랑을 하는 사람은 자신뿐 아니라 상대를 있는 그대로 받아들인다.

상대방이 무엇을 하든 그것이 충분하지 않다고 느꼈다면 아마 당신 안에는 자신이 그 사람에게 고유한 존재로 인정받고 있지 않다는 생각이 있었을 가능성이 높다. 그 사람을 신경 쓰느라 그동안 미뤄 두었던 일이 있는가? 그렇다면 지금 그 일을 해 보자. 청소를 한다든지, 모임에 나간다든지, 한동안 연락이 뜸한 친구와 만나는 등 무슨 일을 할지 선택하는 건 그리 중요하지 않다. 그 일을 자신의 일부로 진심으로 느끼는 것, 적극적으로 도전하거나 창조하고, 온전히 자기 스스로 시작할 수 있다면 무엇이든 상관없다.

개개인의 가치는 그가 누구이고 무엇을 하는지에 의해 결정된다. 그런데 종종 사람은 해로운 관계 안에서는 자기 자신이 누구인지 알지 못한다. 또한 정체성이 낮은 사람은 자신에게 있어 중요한 것들을 이뤄 내는 능력이 약하다. 완전히 정신을 빼앗겨 붕 뜬 상태일 때는 자신의 재능을 등한시하기 쉽다.

그렇기에 하루하루 바쁜 생활 리듬을 유지하는 것이 바람직하다. 단지 바쁜 일로 바쁜 것이 아니라 생산적으로 바쁘게 움직여야 한다. 단지 시간을 보내는 것이 아니라 자신이 가진 최고의 모습을 진정으로 표현할 수 있는 일을 찾아야 한다. 그럼으로써 우리는 나만의 특별함과 나를 나답게 만들었던 나다움에 다시 익숙해질 것이다.

당신에게 다음과 같은 제안을 한다.

- **내가 꼭 있어야 완성될 수 있는 무언가를 하며 시간 보내기.**
- **긍정적인 여운이 오래 남을 만한 일을 찾기.**
- **미래에 새로운 기회를 가져올 일을 찾기.**

당장 답이 떠오르지 않을 수도 있다. 그렇다면 좀 더 시간을 두고 천천히 생각해 보자. 무언가 떠오른다면 그것들을 전부 종이에 옮겨 적고 '행동 목록'을 만들어 보자. 목록을 완성했다면 그중 우선순위를 하나 고르고, 지금 당신에게 그 일을 실천할 의지와 방법이 있다면 당장 시작해 보자.

그리고 이렇게 상상해 보자. 당신의 '행동 목록'은 정해진 노선에서만 멈추고, 원하는 손님만을 태울 수 있는 기차와 같다고 말이다. 그 기차에 탑승한 승객은 당신이 가고자 하는 길을 찾도록 도움을 주는 안내자이다. 또한 그 안에서 당신은 스스로를 도울 수 있어야 한다.

이별은 전혀 예측하지 못한 몇 가지 결과를 가져오기도 한다. 갑자기 몸 상태가 나빠지는데도 마음속에서 이를 받아들이지 않을 수도 있다. 만약 당신에게 다음과 같은 현상이 일어나더라도 놀라지 말기 바란다.

- 1주일에 1kg씩 몸무게가 줄어든다.
- 하루 최고 4시간까지 수면 시간이 줄어든다.

이런 현상을 맞닥뜨리며, 당신은 긍정 혹은 부정적 반응을 보일 것이다.

사랑을 잃은 고통으로 점점 몸무게가 빠지는 사람이 있다. 만약 평소 몸무게를 감량할 필요가 있었다면 이를 긍정적으로 이용해 체중 감량에 성공할 수 있다. 이 방식은 기타 다른 방식의 다이어트보다는 덜 해로울지도 모른다.

수면 시간이 줄어든 경우도 위와 같은 논리를 적용할 수 있다. 깨어 있는 시간에 다른 일을 하는 것이다. 미처 처리하지 못한 일을 하거나 혹은 책을 읽거나 영화를 보며 취미 생활을 할 수 있다.

하지만 이러한 패턴이 계속되어서는 안 된다. 피로가 지속되면 몸에 치명적일 수 있다. 피로가 누적되면 판단 능력, 운전 능력, 충동 조절 능력이 떨어지고 인내심이 약해져서 어려운 문제를 해결하는 데 있어 비정상적인 분노 표출을 보일 수 있다. 또한 이러한 충동적 행동의 대가로 훗날 오래도록 해를 입을지도 모른다.

수면의 감소는 꿈을 꿀 수 있는 시간 또한 앗아 간다. 몇몇 과학자들은 꿈이 그날 하루에 있었던 사안이나 문제를 뇌로 하여금 정화하게 만든다고 말한다. 스탠퍼드대학교의 윌리엄 디멘트William Dement 교수는 수면에 관한 세계적인 권위자 중 한 명으로 알려져 있다. 그는 다음과 같이 말한다.

"수면이야말로 얼마나 장수할지 보여 주는 확실한 증거로 충분하다는 연구 결과가 있다. 어쩌면 수면은 흡연, 운동, 고혈압, 콜레스테롤 수치보다 중요하다."

정리하면, 정신적·육체적으로 안정되기 위해서는 매일 밤 충분한 휴식을 취해야 한다. 여기서 충분한 휴식이란, 평균 7시간 반에서 8시간 사이의 연속 수면을 의미한다. 특히 별로 내키지 않는 사람이라도 같이 술 한잔 마시며 외로움을 달래고 싶은 유혹이 생길 경우 당신은 더더욱 충분한 휴식이 필요하다.

이별로부터 비롯한 불면증으로 인해 몸속에서 '계속 깨어 있어!' 라는 신호가 밤새 울린다면, 도대체 어떻게 숙면을 취할 수 있을까? 수면제가 필요하다고 생각할지 모르지만 그보다는 계획이 필요하다.

수면의 법칙

숙면을 위한 준비 단계는, 잠자리에 들기 전 10시간 동안은 카페인 섭취를 최대한 자제하는 것이다. 대부분 카페인은 섭취 후 몇 시간 이내에 밖으로 배출되지만, 몸과 마음이 힘든 시기에는 조그마한 자극에도 민감하게 반응할 수 있기에 최대한 조심한다.

그다음은 수면 도구를 점검하는 것이다. 매트리스나 베개는 편안한가? 방 안의 분위기는 숙면에 방해되지 않을 정도로 충분히 어둡고 조용한가? 그렇지 않다면 가능한 문제를 개선하자.

잠자리에 들기 30분 전에 친구나 가족에게 잘 자라는 인사를 하고, 곧바로 침대에 눕지 말고 다른 장소를 이용해 보자. 즉 30분간 다른 장소에 머물다가 곧바로 잠에 빠져들 준비가 되면 그때 침대에 눕는 것이다. 이 방법이 습관이 되면, 침대는 오로지 잠자는 용도로 사용할 수 있다. 마치 파블로프의 개처럼, 불을 끄고 잠자리에 누우면 곧바로 잠에 빠져드는 것이다.

만약 잠들기 전까지 텔레비전을 보는 습관이 있다면 없애기 바란다. 텔레비전을 끄고 잠이 들면 한밤중에 깨어날 일이 줄어들고, 좀 더 수면이 빨리 이루어질 수도 있다.

주말에도 평일과 마찬가지로 취침 시간과 기상 시간을 일정하게 유지하면 최상의 컨디션을 유지할 수 있다. 이런 방식으로 체내의 시계와 조화를 이루면서 몸이 움직이게 된다.

정 잠이 들지 않을 때는 음식을 섭취해 문제를 해결하는 방법도 있다. 트립토판tryptophan은 필수아미노산의 하나로, 우울증에 효과가 있으며 수면을 유도하는 데 유용하다고 알려져 있다. 트립토판은 생선, 칠면조, 닭, 코티지치즈, 아보카도, 바나나, 맥아와 같은 음식에서 풍부하게 발견된다. 이 밖에도 멜라토닌melatonin이 불면증에 효과가 있는 것으로 알려졌는데, 정제된 알약을 쉽게 구입할 수 있다.

5월 날
자신을 돌보기

진정한 나와 만나기

금실로 만들었다 해도 그 안에 갇혀 있다면 그건 감옥이다. 다른 이에게 온전히 자신을 내보일 수 없다면 상대에게 진정으로 인정받을 수 없다. 이는 곧 온전한 나로서 사랑받을 수 없고, 자유롭게 표현하고 자신의 가능성을 100퍼센트 발휘할 수 없음을 뜻한다.

연인과의 관계를 유지하기 위해 자신의 희생이 꼭 필요하다 하더라도 그로 인해 자신의 영혼이 희생당해서는 안 된다. 자신의 정체성을 지키면서 상대에게 깊은 사랑을 줄 수 있어야 한다.

연인을 위해 자신의 삶을 희생하려는 태도는 치명적일 수 있다.

그런데도 왜 우리는 종종 이 같은 행동을 하게 되는 걸까? 아마도 자신이 외롭거나 선택권이 제한되어 있다고 잘못 결론 내리기 때문이 아닐까.

당신은 그 사람과 만나는 중에, 한밤중에 잠에서 깨어나 몹시 외롭다 느끼고 어떻게 해야 할지 몰랐던 경험이 있는가? 만약 그렇다면 당신은 그 고충을 상대에게 이야기했는가 아니면 말할 수 없었다고 혹은 그런 말을 하는 자체가 도움이 되지 않는다고 혼자 판단했는가? 이 같은 경험을 가진 사람이라면, 아마도 상당히 외로운 마음을 가진 상태로 그 사람과 많은 시간을 보내고 있었던 걸지도 모른다.

짝짓기는 실제보다 아름답게 이상화되어 있다. 처음 보는 사람과 눈이 마주치고 심장박동이 빨라지면 그 사람이 바로 자신이 찾던 '적합한 사람'임을 알 수 있다고 말이다. 그러나 어떤 사람과 눈이 마주치고 그 순간 두근거리더라도 둘의 관계가 사랑으로 발전하는 일은 거의 드물다.

얼마나 많은 사람이 남자의 재력이나 여자의 미모가 미래를 좌우한다고 말하는 걸 들어 왔는가? 그 밖에도 '짝'을 찾는 데 고려해야 할 사항은 무수히 많다. 그런 수많은 선택 앞에서 생각이 마비된 적이 있는가? 어쩌면 선택이라기보다 유혹이라고 하는 게 올바른 표현일지 모른다. 많은 사람들이 그와 같은 경험을 한다.

인간관계가 아닌 비즈니스라고 생각해 보면 좀 더 효율적인 모델을 발견할 수 있다. 이를테면 사업을 하는 데는 감정 따라 가는 일보다는 체계적이고 논리적인 판단이 필요하다. 이러한 과정을 인간관계와 비교해 보면, 로맨틱한 관계는 감정을 최우선으로 하면서도 육체적인 기호가 더해지면서 강화된다고 볼 수 있다.

요즈음은 좀 더 새롭고 합리적인 방법이 부상하고 있는데, 결혼 정보 회사나 연애 컨설팅 회사 등을 이용하는 것이다. 이는 비즈니스에서 사용하는 의사 결정 체계와 많이 닮아 있다. 이러한 실용적인 방식은 컴퓨터에 등록된 개개인의 프로필을 바탕으로, 자신과 어울리는 상대를 찾을 수 있게끔 되어 있다. 만약 양쪽 사용자가 자신의 정보를 정확히 공개한다면 이러한 방식은 유용할 것이다.

당신과 이별한 그 사람은 어떠한가? 둘 다 결혼 정보 회사에 등록되어 있다는 가정하에, 만나게 될 확률은 몇 퍼센트인가? 둘은 서로에게 관심을 촉발할 만한 충분한 공통점을 가지고 있는가? 서로 보완할 수 있는 적당한 차이점이 존재하는가?

비즈니스에서 잘못 선택이 이루어지면 담당자는 실수를 분석하고, 좀 더 생산적인 방향으로 다시금 노력을 기울인다. 인간관계도 이와 마찬가지의 방식이어야 한다. 왜 사랑이 실패했는지 알아야 한다. 진실은 고통스럽지만 결국 지난 관계로부터 벗어나 자유를 찾을 수 있다. 옛사랑을 용서하고, 그 관계로부터 해방될 수 있다.

옛사랑과 당신의 관계는 지켜질 수 없었고 결국 무너지고 말았다. 비즈니스와 다른 점이 있다면 해고된 사람이 없다는 점이다. 이제 자신이 진정 어떤 사람이 될지는 당신에게 선택권이 주어졌다. 방향이 분명할수록, 더욱 안정된 삶이 당신 앞에 펼쳐질 것이다.

자, 그렇다면 당신과 상대의 관계는 왜 끝이 났을까? 앞서 이야기한 대로, 해로운 관계 안에서 사람은 종종 자신에 대한 감각을 잃는다. 모든 관계는 희생을 필요로 하지만, 단지 평화를 위해 머리를 수그리고 자신의 정체성을 버린 적은 없는가? 상대가 탐탁잖게 생각한다는 이유로 당신의 친구 혹은 헤어스타일, 취미를 그만둬야 한 적은 없는가? 또는 상대가 무척이나 혐오했던 그래서 버려야 했던 당신의 습관은 없는가?

과거 실패한 관계의 모든 디테일 하나하나를 분석할 필요는 없다. 왜 서로가 맞지 않았는가에 대한 하나의 포인트를 찾는 것만으로 충분하다.

해로운 관계는 우리를 제한하고 압박하고 목 조른다. 반면 건강한 관계는 서로의 발전을 도모한다. 오랜 결혼 생활을 한 커플도 계속 정신적으로 자극이 될 수 있고, 서로를 성장으로 이끌 수 있다. 진정한 자신을 보여 주지 않고는 당신의 일부분은 성장을 멈추고 갇히게 되고 만다.

오늘의 목적은 바로 묻혀 있던 자신을 밖으로 꺼내 자유롭게 놓아 주는 것이다. 자신의 진정한 모습을 찾는 것이다. 그간 잊힌 자신의 일부를 되살림으로써 똑같은 실수를 되풀이하며 또다시 상처입을 가능성이 줄어든다.

자신의 본연의 모습을 드러낼수록 그 모습 그대로 이해해 줄 사람을 만나게 된다. 진정 누군가로부터 인정받기 위해서는 스스로 자신을 받아들이는 것부터 시작해야 한다. 자신이 누구인지 더는 변명하지 말고, 더는 숨기려고 하지 말자. 한때 연인이었던 그 사람과 만나기 전, 당신의 삶이 있었다는 것을 기억해 내자. 이는 회복의 과정이자 다시 본궤도에 오르기 위한 것이다.

간단한 연습을 해 보자. 그 사람에게 맞추기 위해 자신을 버려야 했던 몇몇 일을 떠올려 보자. 잃어버린 자신의 일부를 되찾고, 다시는 그것들을 묻어 두지 않겠다고 다짐하자. 앞으로 30일간 원하는 대로 하고 싶은 일을 해 보자. 또한 자신이 맞다고 생각하는 일들을 실행 목록에 추가하자.

5일 차. 회복 프로그램
운동하기

    운동은 절망과 고통을 다스리는 데 안전하면서도 적당한 자극을 준다. 평상시 규칙적으로 운동을 하지 않았더라도 새로운 다짐으로 운동을 시작해 보자. 운동은 스트레스에 대한 저항력을 길러 주고, 기민한 몸 상태를 만들며, 정서적으로 안정감을 주고, 절망적인 감정을 배출할 수 있도록 하며, 숙면을 돕고, 세상과 자연스럽게 융화를 이루고 회복할 수 있다는 확신을 갖게 한다. 한마디로, 건강을 지키고 삶의 행복을 향상시킨다. 한 달만 운동을 지속해도 상태가 많이 호전될 것이다.

    운동과 식습관 개선은 체중 조절과도 연관이 있는데, 이와 관련해서는 8일 차의 회복 프로그램을 참조하라. 우선 몸을 전체적인 관점에서 살펴보자. 만약 35살이 넘었고, 몸 상태가 정상이 아니라고 판단되면 의사와 상담하기를 추천한다. 35세 이하라고 하더라도 건강에 위험 요소가 있다고 판단되면, 몸을 정상으로 되돌리기 위해 전문의의 도움을 받아야 한다.

다음 지침은 건강 및 스포츠 대통령 자문 위원회가 최초로 발제한 가이드라인으로, 운동 계획을 짜는 데 도움을 줄 것이다.

전신운동은 네 가지 부위 즉 심혈관 운동, 근육 세기, 지구력, 유연성 향상을 목표로 한다. 일주일에 서너 차례, 하루걸러 한 시간씩 운동하는 게 가장 이상적이다. 낮, 정오, 저녁 어느 시간대든 가장 즐겁게 운동할 수 있는 때를 택하자. 운동 시간은 나이, 신체 레벨, 최종 목표에 따라 달라진다. 그리스신화에 나오는 아도니스나 아프로디테와 같은 멋진 몸을 만드는 데는 오랜 시간이 걸리겠지만, 단순히 건강이 목적이라면 짧은 시간 안에 효과를 볼 수 있다.

운동을 시작하기에 앞서 5~10분 정도 준비운동으로 스트레칭을 하자. 본운동은 에어로빅, 경보, 수영, 조깅, 자전거 타기, 조정, 스키 타기, 줄넘기, 핸드볼, 테니스 등 20분간 유산소 운동과 30분간 근력 운동 및 유연체조를 하고 마지막으로 가볍게 걷기와 스트레칭으로 몸을 식히고 마무리한다.

안전을 위해서, 심장 운동이 자신의 능력을 초과하지 않도록 하고 특히 초반에는 주의를 기울여야 한다. 심장박동수를 가이드 삼아 자신의 한계치를 점검할 수 있도록 한다. 자신의 연령대에 맞춰 안정적인 심장박동 수준을 유지해야 한다.

운동 시 어느 정도의 심장박동을 유지해야 하는지 측정하는 방법은 여러 가지가 있다. 손쉬운 방법은 다음과 같다.

$$(220 - 나이) \times 0.7$$

예를 들어, 나이가 30살이라면 운동 시 적절한 심장박동수는 133이다. 운동 초반과 중간중간 자주 심장박동수를 점검하면서 자신의 몸이 어느 정도까지 견딜 수 있는지 알아보라.

운동은 지방조직과 근육 사이에서 건강한 균형을 잡을 수 있도록 도와준다. 무설탕 껌을 계속 씹는 것만으로도 1년에 5kg의 몸무게를 줄일 수 있다고 한다. 또한 일주일에 3번 30분간 적당한 운동을 하는 것만으로 5kg을 추가로 감량할 수 있다. 물론 열성적인 운동은 더 많은 칼로리를 태울 수 있도록 신진대사를 높인다.

운동할 때는 날씨가 중요한 역할을 한다. 야외 운동 시에는 단순히 외출할 때보다 옷을 가볍게 입고, 덥고 건조한 날이나 배부른 상태에서는 가급적 운동을 하지 않는 편이 좋다.

편안한 소파에 누워만 있고 싶어 하고, 움직이기 싫어도 조금씩 활동량을 늘려 생활 방식을 바꿔 보자. 이를테면 에스컬레이터 대신 계단을 오르내리고, 버스나 자가용을 이용하더라도 좀 더 걸을 수 있는 방법을 모색한다. 간식을 먹으며 휴식을 취하기보다 그 시간에 가볍게 산책을 하자. 몸을 더 움직이게 만드는 변화라면 그것이 무엇이든 아예 아무것도 하지 않는 것보다는 낫다.

6월 날
성찰하기

감내해야 할 대가

"다 그 사람 때문이야." 혹은

"다 나 때문이야. 내가 다르게 행동했더라면……."

사람들은 종종 이별 후 상대를 비방하거나 자신에 대한 수치심에 휩싸인다. 한쪽 혹은 쌍방은 몇 달 혹은 몇 년에 걸쳐 남을지 모를 심각한 감정의 상처를 겪기도 한다.

두 사람의 관계가 완전히 끝나기 이전에도 '끝'을 암시하는 일들이 종종 일어난다. 어떤 이들에게는 이때가 관계의 허물을 내던지기 좋은 시기가 된다. 또 어떤 이별은 차갑거나 난폭하기까지 하다.

어떠한 방식으로 이별을 맞든 중요한 것은 이별 후 충격의 시간을 극복하는 것이다. 자신 혹은 상대를 감정적으로 몰아세우게 된다면 시간을 거꾸로 돌려 잠시 과거로 돌아가 보자. 당신 혹은 그 사람이 이전과는 다른 행동을 했다면 상황이 달라졌을까?

대부분의 사람은 죄책감과 수치심 속에 살아가는 것이 어리석음을 잘 알고 있다. 그러나 문제는 한번 자신을 몰아세우기 시작하면 멈추기 어렵다는 것이다. 수레바퀴처럼 무한정 반복할 가능성이 높다. 이런 방식으로는 결국 감정만 헛되이 낭비되고 만다.

불교 신자들은 만트라mantra를 반복적으로 합창함으로써 자신의 정신을 공空에 집중한다. 그러나 자신 안의 고통을 반복하면 고뇌 역시 깊어지게 마련이다. 계속해서 같은 생각을 하다 보면 어떤 식으로 고통이 무뎌지는 것처럼 느껴지기도 하지만 결국 고통을 부추기는 행위와 다름없다. 고통은 들쑤실수록 더 오래 주위에 맴돌게 된다. 이는 마치 공연이 끝나고 커튼이 내려온 뒤에야 상대 배우를 붙들고 자신의 파트를 연습하는 것과 같다.

무엇 때문에 관계가 틀어졌는지 알고 싶다면서 실은 끝없이 상대에게 집착하는 태도를 보이고 있는 건 아닐까. 성숙하지 못해서? 지루해서? 아니면 화가 날 정도로 참을 수 없어서?

익숙하고 반복되는 습관은 기쁨보다는 지루함을 주며, 매일 똑

같은 문제는 사람을 질리게 한다. 두 사람 사이에 언제부터 지루함이 자리 잡고, 잦은 다툼이 일었는가? 이러한 징조가 헤어짐을 암시하는 것이었으리라. 그렇다면 누가 먼저 어떤 식으로 이별을 통보했는가는 중요하지 않다. 이미 둘의 관계는 어찌할 수 없는 상황이었고, 그렇다면 그 상황을 받아들이는 마음만이 필요할 뿐이다.

어쩌면 과거 그 사람이 단 한 번도 당신의 말에 귀 기울이고 이해해준 적이 없다는 착각에 사로잡힐지도 모른다. 그 사람이 지금이라도 당신의 이야기를 들어 주기를 바랄지도 모른다. 극단적인 방법으로, 응급실에 실려가는 것으로 그 사람의 마음을 다시 붙잡고 싶을지도 모른다. 그런데, 만약 그렇게 한다 해도 뭐가 달라질까?

그 사람에게 연락하고 싶은가? 만약 전화기에 손이 가려고 한다면 과연 자신의 행동이 합리적인지 고민해 보라. 전화를 하지 않고 견디는 건 고통스럽지만 순간의 충동을 이겨 냄으로써 당신은 보다 성장할 수도 있다. 적어도 자신에 대해 전보다 깊이 이해하는 시간을 가질 수 있다. 왜 이제는 뒤를 돌아보지 않고, 앞으로 나아가야 할 시간인지 다시금 알아가는 것이다.

만약 전화의 유혹을 견뎠다면, 당신은 자신의 고통을 다스리고 조금씩 회복하고 있는 것이다. 며칠 전보다 지금이 더 나은 상태가 되었듯, 앞으로 몇 주가 지나 당신은 더욱 행복해질 것이다.

6일 차. 회복 프로그램
스트레스 측정하기

당신의 고통은 상상의 것이 아닌 실제 아픔이다. 삶의 중심에 놓여 있던 사람과의 관계를 끝내면서 커다란 스트레스 상황에 직면해 있다. 지나친 스트레스는 신체 혹은 정신에 상당한 악영향을 끼쳐 병이 되기도 한다.

당신이 경험한 스트레스가 어느 정도의 위험도를 가지고 있는지 정확히 알아 둘 필요가 있다. 이를 위해 T. H 홈스T. H. Holmes와 R. H 레어R. H. Rahe 의사가 만든 '사회 재적응 척도Social Readjustment Scale'를 활용하고자 한다. 이는 삶에서 발생하는 다양한 요인에 따른 스트레스 지수를 제시한다.

다음 표를 보며, 과거 2년간 당신이 부닥친 스트레스 상황과 그 지수를 체크해 보자. 그다음 체크 표시한 사건에 해당하는 스트레스 지수를 전부 더한 다음 아래의 결과를 참조하라. 이 지수는 단지 병에 걸릴 확률을 나타내는 것이 아니라 스트레스 사건이 신체 및 정신 건강에 얼마만큼 영향을 미치는지 알게 한다.

사회 재적응 척도

사건	스트레스 지수	V	사건	스트레스 지수	V
배우자 사망	100	☐	자녀 출가	29	☐
이혼	73	☐	친인척과의 갈등	29	☐
이별	65	☐	개인적 성취	28	☐
수감	63	☐	배우자의 취업 및 퇴직	26	☐
가족 사망	63	☐	학교 입학 및 졸업	26	☐
개인적 질병 또는 상해	53	☐	생활 조건의 변화	25	☐
결혼	50	☐	개인 습관의 변화	24	☐
해고	47	☐	상사와의 갈등	23	☐
부부간 화해	45	☐	근무시간/업무환경 변화	20	☐
은퇴	45	☐	거주지 변화	20	☐
가족 건강상 변화	44	☐	학교 변경	20	☐
임신	40	☐	여가 활동 변화	19	☐
성생활의 어려움	39	☐	종교 활동 변화	19	☐
새 식구	39	☐	사회 활동 변화	18	☐
비즈니스 재조정	38	☐	고정부채	17	☐
재정 상태의 변화	38	☐	수면 습관 변화	16	☐
가까운 친구의 죽음	37	☐	가족모임 참여인원 변화	15	☐
업무 변경	36	☐	식습관 변화	15	☐
배우자와의 언쟁 증가	35	☐	휴일	13	☐
고비용 저당 혹은 대출	30	☐	크리스마스	12	☐
대출로 인한 압류	30	☐	경미한 법률 위반	11	☐
업무 책임의 변화	29	☐	총점 계산		

\<결과 측정\>

300 이상 ⋯⋅→ 스트레스 80% 이상

200~300 ⋯⋅→ 스트레스 50% 정도

150~200 ⋯⋅→ 스트레스 33.3% 정도

어쩌면 스트레스 없는 삶은 무미건조하고 식상할 수도 있다. 그렇지만 과한 스트레스는 생명을 앗아 가기도 한다. 아직 젊고 건강하다 해도 스트레스를 야기하는 수많은 사건에 치이다 보면 현실도피 행동을 할 가능성이 높아지게 된다. 약물이나 알코올 남용, 부주의한 성관계에 빠져들어 건강과 행복에 치명적인 위험을 불러올 수도 있다. 이러한 '도피 행위'만으로는 절대 현실적인 중압감으로부터 벗어날 수 없다.

만약 자신의 상태가 높은 위험수위라면 바로 지금이야말로 스트레스를 조정해야 할 시기다. 당분간은 직장을 옮기거나 이사할 계획을 연기하기 바란다. 좀 더 어려운 상황을 처리하기에 앞서 내부적으로 안정되기를 기다려야 한다. 할 수 있는 한 최선을 다해 심신이 모두 건강할 수 있도록 관리하자. 식사와 운동을 균형 있게 유지하자.

긴 날
가치 찾기

이상적인 연인

지금 당신이 많은 상처를 갖고 있을지라도 조만간 고통을 벗어버리고 앞으로 나아가게 될 것이다. 생각했던 것보다 훨씬 빠르게. 이런 말을 들으면 아마 불쾌하거나 자신은 가망이 없다고 느낄 수도 있지만, 언젠가 친밀한 사랑을 나눌 누군가를 찾고 싶은 마음이 드는 순간이 오게 된다.

지금 이 책을 읽고 있는 시점에 당신이 새로운 사랑에 대한 마음의 준비가 되어 있을 가능성은 거의 없다. 여전히 상실감에 빠져 있다면 새로운 사람과 온전히 마음을 나눌 정도로 감정이 재충전되는 데는 다소 시간이 걸린다.

설사 당장 억지로 다른 사람을 만난다 해도 서로에게 지속적인 만족을 주는 관계로 발전할 가능성은 극히 드물다. 그러한 행동이 과거 상대에 대한 복수의 기회가 될지는 모르겠지만, 당신에게 있어서는 미래가 아닌 과거로 눈을 돌리게 할 뿐이다.

그렇지만 지금 시점에서 '사랑할 상대를 찾는 데 옳고 그른 방법이 무엇인지' 생각하는 것은 이른 게 아니다. 이처럼 생각해 봄으로써 왜 과거 그 사람과의 관계가 지속되지 못했는가에 대한 까닭을 이해할 수 있다.

오늘 한 명의 '싱글'로 살아가는 데 어떤 기분이 드는가?

연애 컨설팅 회사의 회원 수천 명을 대상으로 한 설문 조사를 보면, 회사로부터 소개받은 사람이 프로필과 전혀 동떨어진 인물이었다고 밝힌 회원이 전체의 4분의 3을 차지했다. 이건 대체 무슨 의미일까? 사람들이 구애나 친밀함보다는 속임수에 능숙하다는 뜻일까?

새롭게 관계 맺길 원하는 대다수의 사람이 자신이 찾는 대상을 분명하게 머릿속에 그리고 있지 않기 때문일 수도 있고, 남들이 자신을 어떻게 보고 있는지 모르기 때문일 수도 있다. 아니면 자신이 실제로는 그다지 매력적이지 않을 것이라는 두려움 때문일 수도 있다.

불행하게도, 많은 사람이 자신의 이상형을 마치 어린아이가 동화책을 고르듯 단순하게 생각하는 것처럼 보인다. 보통 남자들의 이상형은 잡지 속 수영복 모델과 같은 모습을 하고 있고, 여자들의 이상형은 백마 탄 왕자와 같이 비유되고 있다. 그러한 세상의 기준에 부합하기 위해 사람들은 종종 거짓이나 자기기만을 한다.

당신의 이상형은 어떤 모습을 하고 있는가? 당신이 꿈에 그리는 이상형에 대해 심각하게 생각해 본 일이 있는가? 아마도 현재 당신에게 있어 이상적인 연인은 최근에 헤어진 그 사람과 닮아 있을 가능성이 높다. 그 사람이 빠져나간 빈자리에 상실의 구멍을 만들어 두고, 그리워하고 애타게 갈망하는 상태에서는 그가 당신의 이상적인 연인이었다고 자연스럽게 결론 내릴 수도 있다.

어떤 이들은 자신이 중요한 사람이라고 정한 사람에게 육체적으로 중독된다. 여성호르몬인 옥시토신이 어떻게 여성을 로맨틱한 관계로 결속시키는 역할을 하는지 대해서는 많은 글들이 나와 있다. 여성들에게 있어 성적인 자극으로 생성된 이러한 호르몬은, 과거 친밀했던 상대에 대한 중독 상태를 만들기도 한다.

어떤 연구자들은 이것이야말로 여성이 남성보다 이별에서 회복되는 데 더 많은 시간을 필요로 하는 이유일 거라고 주장한다. 하지만 대부분의 연구 결과를 보면, 남성은 여성보다 훨씬 빨리 다른 상대를 찾아가지만 실질적으로 이별에서 회복하는 데는 더 오랜 시간이 걸린다고 한다.

다시 한번, 이상형의 연인을 머릿속에 떠올려 보자. 그 사람은 어떤 모습을 하고 있는가? 그 사람은 당신을 있는 그대로 사랑하는, 당신의 사랑을 받을 만한 충분한 자격을 가진 사람이어야 한다. 이는 즉 당신 스스로 먼저 자신의 있는 그대로의 모습을 인정해야 함을 뜻한다. 자신이 누구인지 알고, 단점과 장점을 받아들이며, 자신을 분명히 살핌으로써 당신이 진정으로 바라는 이상형의 연인을 더욱 새롭고 분명하게 그릴 수 있다.

자, 그럼 이제 누군가를 찾기 시작해야 할 때라고 가정해 보자. 구체적으로, 당신은 어떤 사람의 연인이 되고 싶은가? 어떤 사람을 당신의 삶 속으로 받아들이고 싶은가? 이상적인 상대를 실제적인 언어로 표현해 보자.

물질적 조건은 잠시 접어 두고, 진실로 믿고 사랑할 수 있는 상대의 성격과 특징을 떠올려 보자. 그와 같은 사람이 매력적으로 느껴지는 이유는 무엇인가? 왜 그와 같은 특징이 지금의 당신에게 있어 가장 중요하게 여겨지는가?

자신의 이상형을 분명히 정해 두고 새로운 사랑을 찾으면 사랑을 거절하는 법은 물론 다가가는 법 또한 알게 된다. 이를테면 자신과 어울리지 않다고 느끼거나 왠지 함께 하면 행복하지 않을 것 같은 사람에게는 "죄송합니다."라고 분명히 말하고, 당신이 찾고 있던 바로 그 사람을 만나게 되면 적극적으로 다가가 좀 더 그 사람을 알아보고 싶어질 것이다. 두 사람 중 한 명만 적극적이라고 해서 그 관계가 무너지지는 않는다. 누가 먼저 다가가든 두 사람이 시간을 갖고 알아 가면서 서로에게 중요한 공통의 가치와 서로를 채워 줄 차이가 찾는다면, 상대의 노력을 이해하고 웃음뿐 아니라 눈물도 나눌 수 있는 존재가 되어 준다면 그와 같은 이에게 호감을 느끼지 않을 사람은 드물지 않을까.

다시 한번, 마음속에 가상의 연인을 떠올려 보자. 그리고 그 사람의 이미지와 성격이 익숙해지도록 하자. 당신이 지금 떠올린 혹은 과거 마음에 품었던 이상형의 특징을 생각해 보자. 그리고 이상형의 사람이 옛 연인의 모습과 얼마나 다른지에 주목해 보자.

만약 옛 연인의 모습과 당신이 그리는 이상형이 일치하지 않는다면, 당신은 왜 이상형의 사람을 진작 찾지 않고 있었는지 자문해 보자. 당신은 대체 무엇의 방해로 원하는 사랑을 찾지 못했는가? 혼자 남게 될지 모른다는 당신 안의 두려움이 사랑을 찾으려는 노력을 짓밟았는가?

어느 날, 당신이 새로운 만남에 관심이 생기는 때가 되어도 이상적인 상대를 발견하지 못할 수 있다. 또한 어쩌면 당신을 기다리고 있는 미래의 그 사람은 수영복을 입은 미모의 여자도 아니고, 백마탄 왕자님도 아닌 평범하고 그저 그런 사람일 수도 있다. 그렇다 해도 단 하나만 잊어버리지 않으면 된다. 바로, 당신의 가치는 자신이 마음먹기에 달려 있다는 것을 말이다. 기회가 스스로 찾아와 문을 두드리는데 귀를 막아서는 안 된다.

억눌린 감정은 남모르는 고통을 불러오고, 악행을 저지르게 되는 원인이 될 수 있다. 정신분석학자 칼 융은 네 가지 기능 즉 사고, 감정, 감각, 직관의 범주로 성격 구분법을 제안했다. 균형 잡힌 개인은 자신이 처한 환경에 효과적으로 대응하기 위해 이러한 네 가지 기능을 함께 사용한다. 한편 순전히 감정의 의해 행동하는 사람은 대개 충동 조절이나 감정의 성숙 혹은 인간관계 기술에 문제가 있는 것처럼 비친다.

정신과 의사 나타니엘 브랜든 Nathaniel Branden은 유아기에는 감정을 단순히 쾌락 혹은 고통으로 받아들인다고 주장한다. 그리고 살아가면서 자신의 경험을 두 가지로 나눠 연결 짓게 되는데 어떤 종류의 기쁨은 '사랑'이라 말하고, 어떨 때는 '웃음'이라 표현한다. 또한 어떤 고통은 '뜨겁다' 말하고, 어떨 때는 '날카롭다', '슬프다'라고 표현하기도 한다. 이렇게 우리는 기쁨과 고통을 아우르는 다양한 감정의 스펙트럼을 쌓아 나간다.

브랜든은 사람은 한 종류의 경험을 하나의 특정한 느낌과 연결 지으며 그 느낌의 '가치'를 형성한다고 말한다. 예를 들어 롤러코스터를 타고 싶어 한다면 그에 긍정적인 가치가 부여되고, 반대로 롤러코스터를 두려워한다면 부정적인 가치가 되는 것이다.

또한 브랜든은 감정은 무의식중에 나오고, 어떤 대상에게 반응할 때 순간적으로 자신의 경험을 압축해 표현한다고 한다. 만약 으르렁거리는 개와 마주한다면 나는 7살 때 친구네 집 개에게 물렸던 일을 순간적으로 떠올릴 것이다. 그때 나는 개에게 물렸는데도 친구 어머니가 지켜보고 있다는 이유로 차마 반항조차 하지 못했다. 즉 우리는 '반응'을 통해 자신의 경험을 이야기하는지 모른다.

여기서 시사하는 바는 무엇일까. 간단히 말하면, 단지 의지를 이용해 어떤 대상에 대한 느낌을 바꾸는 것은 가능하지 않다는 것이다. 어떤 노력을 기울이든 간에 이별로 인한 고통스러운 느낌을 지울 수는 없다.

그렇지만 브랜든의 심리학 이론에는 일말의 희망 또한 존재한다. 느낌은 바꿀 수 없지만, 그 느낌에 새로운 '가치'를 부여할 수 있다는 것이다. 예를 들어, 어떤 이에게 개라는 존재는 단지 털 뭉치로 비칠 수 있지만, 그가 개의 장점을 열심히 찾아본다면 새롭고 긍정적인 가치를 부여할 수 있다. 생각의 힘을 적극적으로 이용해, 강제로 감정을 조절하거나 억제하지 않고 깊은 생각을 통해 조정해 나가는 것이 중요하다.

당신은 지금 상처받고 화가 난 상태인가? 그로 인해 어떤 느낌을 받고 있는가? 사랑한 사람에 대한 상실의 느낌? 배신당했다는 상처와 분노의 감정? 혹은 한때 사랑했던 사람을 배반한 데서 오는 두려움과 절망? 당신에게 고통을 야기하는 것에 대해 새로운 가치를 찾아낸다면 보다 빠르게 상처가 회복될 수 있다.

한번 생각해 보자. 당신은 아직도 과거의 상대를 중요하게 생각하는가? 10년이 지난 후에도 그 상대에 대해 똑같은 느낌을 가지고 있으리라 생각하는가? 오랜 시간이 지난 뒤에, 그 상대는 당신에게 있어 어떤 존재가 되어 있을까?

8일 날
멀리 보기

그리움

벌써 당신은 자신의 힘으로 첫 주를 통과했다. 그동안 견디기 힘들거나 참을 만하다고 느꼈던 순간도 있었을 것이다.

희망이 보인다고 해서 갑자기 상대에 대한 그리움이 사라지는 것은 아니다. 어쩌면 새롭게 맞닥뜨린 외로움과 싸우기보다는 이 책을 한쪽으로 제쳐 두고 전화기를 들고 익숙한 자리로 돌아갈 수 있는지 확인하고 싶을지도 모른다.

어쩌면 둘이 함께 한 어느 행복한 순간을 떠올릴 수도 있다. 그러나 그 좋은 시절 동안 치러야 했던 대가 또한 기억할 것이다. 그리움은 이별의 이유를 잊게 만들지만 다시 그 자리에 서면 현실을 직시하게 된다.

"맞아! 내가 헤어진 이유가 이거였지."

오늘은 상실의 덧없는 고통을 떨치고, 다시 화해할 수 있다면 모든 걸 용납하겠다는 일시적인 충동을 덜어 내는 연습을 할 것이다. 당신에게 두 가지 질문을 하겠다. 두 질문에 대한 답을 비교해 보자.

"이별한 그 사람과 관련한 것들 중 무엇이 가장 그리운가?"

"그 사람은 당신이 필요로 하는 것을 채워 주었는가? 만약 그렇지 않았다면 그럼에도 당신은 그 사람에게 중독되었는가?"

당신은 그 사람과 만나는 동안 몇몇 소소한 기쁨에 대한 대가로 매사 의심하고 불만족스러운 생활을 했을 것이다. 다음번에 과거의 연인이 그립거나, 피곤하거나, 슬플 때 이 페이지를 읽으며 이렇게 말해 보자.

"그래, 달콤했던 순간의 기억이 옛사랑을 그리워하게 만들어. 하지만 나는 그에 대한 대가가 어땠는지도 기억해. 그 대가란 너무나 엄청났고 앞으로도 그럴 거야."

과거의 사랑을 그리워하는 일은 고통스럽다. 예전의 자리로 돌아가고 싶은 유혹을 이겨 내는 것은 이별의 상실로부터 벗어나는 일보다 더욱 힘겨울 수도 있다. 하지만 유혹을 뿌리치고 당신이 있어야 할 그 자리를 지킨다면 분명 지금보다 더한 행복을 찾을 것이다. 지켜야 할 것은 지키면서 감내하고자 하는 다짐은 자긍심과 안정을 가져다준다.

우리는 어느 누구도 스스로 선택하지 않는 이상, 다른 사람을 위한 희생자로서 살아갈 이유가 없다.

8일 차. 회복 프로그램
행복한 식사

다이어트의 필요성을 느끼고 있는가?

어떤 사람은 이별로 인한 스트레스로 식욕을 잃고, 날마다 밤잠을 설치고, 식생활이 바뀌면서 급격히 살이 빠지기도 한다. 이러한 상황을 개선하지 않고 내버려 두면 우울증이나 심각한 위험을 초래할 수도 있다.

또 어떤 이는 스트레스로 인해 체중이 늘기도 한다. 스트레스가 쌓이면 음식을 마구 먹어 치우는 사람이 있는데, 음식으로는 공허한 내면을 채울 수 없다. 조절하지 않고 계속 먹어 댄다면 과체중이 될 뿐이다. 몸이 지나치게 비대하다면 새로운 인간관계를 형성하는 데 있어 상대에게 거리감을 줄 수도 있다. 과체중을 위한 조언은 어디서든 찾을 수 있으니 필요하다면 도움을 청하길 바란다.

어떤 방법을 쓰든 스트레스로부터 자신을 방어하는 것이 중요하다. 또한 적절한 영양제를 섭취해 몸을 보호해야 한다. 다음은 음식 섭취에 관한 지침이다.

초콜릿 중독

초콜릿은 기분 전환을 돕는다고 알려져 있다. 실제로 코코아에는 마리화나가 작용하는 것과 동일하게 뇌를 자극하는 자연 화학물이 담겨 있다. 그렇다고 걱정할 건 없다. 한 전문가는 만약 몸무게가 65kg인 경우 기분 상승을 유도하기 위해서는 무려 12.5kg의 초콜릿을 섭취해야 한다는 수치를 내놓았다.

초콜릿은 뇌로 하여금 고통을 무디게 하고 약간 들뜬 감정을 만드는 물질을 만드는 데 도움을 준다. 또한 초콜릿은 '사랑의 묘약love drug'이라 불리는 암페타민amphetamine과 관련한 화학물을 포함하고 있다. 이 물질은 혈압을 낮추고, 맥박을 올리고, 혈당량을 올린다. 또 초콜릿의 카페인은 각성 상태를 높이기도 한다. 그렇다고 걱정할 수준은 아니다. 한 컵의 커피와 동일한 카페인 효과를 얻으려면 12개 이상의 초콜릿 바를 먹어야 한다.

초콜릿 과다 섭취는 좋지 않지만, 잠자기 전 가벼운 단맛의 코코아 한 잔은 최상의 효과를 낸다. 따뜻한 우유는 자연스럽게 잠을 유도하는 데 도움을 준다.

탄수화물과 비타민

뇌는 적당한 기분을 유지하기 위해 세로토닌serotonin이란 물질을 필요로 한다. 몸이 충분한 세로토닌으로 무장되었을 때는 기분이 좋아지지만, 반면 세로토닌 없이 오래 지내게 되면 우울 증세를 느끼기도 한다.

행복을 관장하는 세로토닌은 과일, 야채, 유제품, 콩, 곡물, 시리얼 같은 복합 탄수화물에서 충당할 수 있다. 이때 설탕, 주스, 무알코올에 들어 있는 과당을 섭취하면 급격한 인슐린 변화 및 에너지와 기분 전환이 일어날 수 있으니 조심해야 한다. 단것을 좋아하는 습성을 버리면 생각이 더욱 분명해지는 체험을 하게 된다.

우울증과 관련해서는 부족한 영양분을 보충해야 한다. 비타민 B 복합체 특히 엽산, B1, B2, B6, 나이아신niacin이 들어 있는 보조 식품을 섭취하는 것이 좋다. 아침에는 2,000밀리그램의 아미노산 타이로신을 권장한다. 이 제품은 건강 보조 식품 코너에서 쉽게 찾을 수 있다.

또한 정오가 넘어서는 카페인 섭취를 자제하고, 잠들기 4시간 전에는 특히 주의하자. 커피와 술은 하루 한 잔을 넘기지 않는 것이 좋다. 기분이 울적하거나 피로할 때 술에 의지하기 쉽지만, 당장의 미봉책일 뿐 좋은 선택이 되지 못한다. 우울한 기분이 들 때는 더욱 술을 자제해야 한다.

지방에 대한 진실

사람들은 식품에 있는 모든 지방은 나쁘다는 잘못된 사실을 믿고 있다. 물론 과도한 식사나 체지방은 심장병이나 다른 형태의 암을 야기할 수 있다. 그러나 과체중이 되는 까닭은 단순히 지방 때문이 아니라 탄수화물과 나쁜 종류의 지방을 과다 섭취한 탓이다.

일부 불포화지방산은 우리 몸에 없어서는 안 될 존재다. 불포화지방산이 부족하면 사망 혹은 정신 건강에 심각한 위험이 올 수 있다.

사람의 뇌는 대부분 지방조직으로 이루어져 있다. 좋은 상태를 유지하려면 뇌가 필요로 하는 충분한 지방을 보충해야 한다. 식물, 땅콩, 씨에 있는 오메가-3 지방산이나 생선류에 들어 있는 EPA나 DHA를 섭취하자. 음식을 통해 지방을 섭취하기가 힘들다면, 손쉽게 보조 식품을 구입할 수 있다.

자연 약품

만약 심한 우울증을 앓고 있다면 전문의를 찾는 것이 좋다. 그러한 치료가 부담이 된다면, 원기를 북돋는 보조 식품이나 천연 허브를 사용할 수도 있다.

세인트 존스 워트Saint John's wort란 허브는 최근에 상당히 미디어의 주목을 받아 왔다. 이 허브는 항균, 항바이러스 효과를 가지고 있으며, 2~3잔 차로 마시면 우울증이나 만성피로 증후군을 치료할 수 있다.

SAM-e는 필수아미노산의 하나인 메티오닌methionine에서 만들어지는 화학 요소로, 행복 유도 물질인 세로토닌을 활성화한다. 3주간 하루 1,600밀리그램의 SAM-e를 섭취한 우울증 환자의 61%가 효과를 보았다는 결과가 유럽에서 소개되었다. 이는 항우울제인 토프라닐Tofranil보다 59% 향상된 수치다.

이러한 약물을 장기간 복용하면 신장과 방관에 손상이 올 수 있고, 태양에 민감한 반응을 보일 수 있으니 의사와의 상담이 필요하다. 세인트 존스 워트는 마취제, 다이어트 약, 천식 약물, 소염제, 암페타민에 역한 반응을 일으킬 수 있으니 주의를 바란다.

다른 항우울 허브로는 기분이 좋아지는 레몬밤lemon balm이 있으며 안정제로 사용되기도 한다. 또한 샐비어Salvia는 항우울 효과가 있다고 알려져 있다. 차로 마시면 스트레스로 어긋난 고도의 흥분 상태에서 빠르게 감정의 균형을 잡아 준다.

자연의 산물에서 마음의 고통을 줄일 수 있는 방법을 찾을 수 있다는 건 고마운 일이다.

9일 날
신뢰하기

사랑은 자기 자신을 속임으로써 시작해,
다른 사람을 속임으로써 끝맺는다. 그것이 소위 로맨스다.
오스카 와일드

믿음의 학교

오늘은 믿음에 대한 문제를 살펴볼 것이다. 과거 연인에 대해 당신이 느끼는 불신의 정도를 점검해 보자. 그러고 나서 다른 사람들과 건강한 관계를 유지하기 위해 어떻게 믿음을 찾을 수 있을지 생각해 봐야 한다.

먼저 마주치기 싫은 진실부터 짚고 넘어가자. 종종 불신의 원인은 자기 자신을 반영한다. 당신은 과거의 연인을 완전히 믿으려는 의지가 있었는가? 만약 그렇지 않았다면, 그가 신뢰할 만할 사람이 아님을 알았을 때 왜 놀랐는가?

바꿔 말해, 평상시 상대를 향한 신뢰가 그의 행동을 판단하는 데 주요하게 작용한다. 즉 내가 그를 믿는다면 그의 모습에서 일말의 신뢰할 만한 점을 발견하려고 할 것이고, 마음에 의심을 품는다면 그의 모든 행동이 의심스러워 보일 것이다. 때로 이유 있는 경계가 필요한 때도 있지만 부당한 경계는 인간관계를 파괴하는 주범으로 작용한다.

당신은 한때 사랑 안에서 누렸던 편안함을 그리워하는가? 그러나 존재하지 않았던 일을 그리워하는 것이 가능할까? 당신의 믿음이나 신의가 씻겨 나간 후에 두 사람 사이에는 이미 진정한 관계라는 것이 사라졌을지 모른다.

과연 둘 중 누가 먼저 믿음의 끈을 끊어 버렸는지에 대해 혼돈하기 쉽다. 이는 누가 먼저 사랑을 멈췄는지 묻는 것과 다름없다. 믿음이 곧 상대에 대한 충실함을 의미하지는 않지만 다만 믿음을 통해 관계 지속 가능성, 서로에 대한 신뢰와 존중을 확인할 수는 있다.

불신은 말이나 글, 의사소통에 있어 함께 공유하던 생각이 파괴되었을 때 생겨난다. 갑작스럽게 화를 내서 상대를 당황하게 한다거나 감정을 차단하는 행위도 마찬가지다.

사람을 믿지 않으려고 하는 경향은 배신과 같은 이별에 따른 결과로 생각된다. 우리는 실패한 사랑에 발목 잡힌 채 의심의 시대 속에 살고 있다. 많은 사람들이 상대의 순수를 받아들일 마음의 여유를 갖지 못하고 있다. 사람들은 영원한 사랑의 서약을 원한다 말하지만 실상 자신은 그것을 믿지 못하고 결국 사랑에 실패하고 만다.

상대에게 '불성실'하다는 건 과거에는 단지 사랑하는 사람이 다른 이성과 몰래 성적 관계를 가지는 것을 의미했다. 오늘날 인간관계에서 '불성실unfaithful'이라는 단어는 말 그대로 '믿음의 부재'를 의미하는 듯하다. 사랑을 이어 나갈 수 있다는 믿음의 부재 혹은 두 사람이 모든 난관을 뛰어넘을 수 있으리라는 믿음의 부재.

진실함이 없는 관계는 조작된 의존적 관계일 뿐이다. 마치 월터 스콧 시인이 말한 복잡하게 얽힌 거미줄과 같다. 서로를 애타게 원하지는 않지만 외롭다는 이유로 만남고 정착한다. 그러나 누구도 그러한 관계 안에서는 행복하지 않기에 둘은 결국 각자의 길을 가게 된다. 한편 그러는 동안에도, 진정 자신을 따뜻한 사랑으로 맞아 줄 누군가를 만나기를 은밀히 희망한다. 그러나 이러한 사람은 상대가 누가 되었든 '믿음'을 갖기 힘들기에 결국 적당한 선에서 또다시 정착하고, 왜 자신의 사랑이 흔들릴 수밖에 없는지 궁금해한다. 이런 말들이 익숙하게 들리는가?

당신이 누군가 믿기 원한다면, 특히 미래의 새로운 사랑 속에서

라면 상대방이 당신과 똑같이 약한 존재라는 것과 당신처럼 실수를 저지르는 사람이라는 것을 이해해야 한다. 그러나 그보다 더욱 중요한 건, 상대가 사랑에 푹 빠져 행동한다는 것을 믿어야 한다. 또한 이런 기회를 갖기 위해서는 미래에 대한 불확실성에도 불구하고, 당신에게 행복하고 희망찬 시간이 오리라는 것을 믿어야 한다. 그럼으로써 당신은 사랑이 가득한 유토피아를 꿈꾸고, 몸과 마음과 영혼을 그 중심에 두게 될 것이다.

만약에 이러한 종류의 믿음을 경험하고 싶다면, 낯선 사람을 대상으로 시험해 보기 바란다. 처음 알게 된 사람에게 평소에는 숨겨 왔던 자신에 대해, 부끄러운 부분에 대해, 혹은 자신의 싫은 점 또는 고백하기에 당황스러운 이야기를 꺼내 보자. 아마도 상대는 그 이야기를 들으며 당신을 보호해 주고 싶어 할 것이다. 당신이 약한 모습을 보여 준 데 대한 그들의 감사의 표현인 것이다.

사람들이 흔히 말하듯, 사랑은 세상을 움직이게끔 만들어 준다.

9일 차. 회복 프로그램
물의 힘

왜 물이 유용할까? 우리 몸의 대부분이 물로 이루어졌기 때문은 아니다. 양수로 채워진 어머니의 배 속에서 9개월간 시간을 보냈기 때문도 아니다. 그보다는 더 깊은 이유가 있다. 바로 인류에 새겨진 기억이다.

사람의 몸을 살펴보자. 털이 없는 몸, 손가락과 엄지 사이의 물갈퀴, 얼굴을 마주 보며 섹스를 하는 방식, 아래를 향하고 있는 코의 형태, 허파와 호흡기관이 수중에서 반응하는 방식 등 사람의 몸은 물속에서 원활히 활동하도록 디자인되어 있다. 아마도 이것이 많은 심리학자가 바다를 무의식의 상징으로 여기는 이유가 아닐까.

물 사용법

물은 인간에게 아주 각별한 요소다. 물을 여러 방식으로 사용하면 안정을 되찾을 수 있다. 물의 안정감이 상실의 상처를 치유하도록 도와줄 것이다. 물을 사용해 감정을 정화하는 방법을 소개한다.

1. **샤워.** 피부와 머리를 청결하게 할 뿐 아니라, 피부 위로 떨어지는 물의 감촉을 느껴보길 바란다. 목덜미는 신체의 온도 조절 장치가 반응하는 곳이다. 추울 때 목덜미를 따뜻하게 덥히면 체온이 유지되고, 반대로 더울 때 목덜미를 차갑게 하면 몸 전체의 온도가 내려간다. 목덜미에 물을 끼얹으며 수온을 느껴 보자.

2. **한증막.** 신체의 독소를 제거하는 아주 훌륭한 방법 중 하나다. 한증막에서 땀을 흘린 후, 시원하게 샤워로 몸을 씻어 내는 과정은 또 다른 즐거움을 준다.

3. **뜨거운 물에 몸 담그기.** 뜨거운 물에 몸을 담그고 근육을 이완시켜라. 뜨거운 물에 몸을 담그면 혈류가 힘차게 흐르는 느낌이 들며, 어떤 성적인 자극 없이도 감각적인 만족을 얻을 수 있다. 또한 입욕제나 아로마 오일을 사용하면 더욱 즐거운 경험이 될 것이다.

4. **수영.** 수영은 심폐 운동과 체형을 가꾸는 데 좋은 운동이며, 근육에 무리한 스트레스를 가할 위험이 적다. 물속에서의 호흡, 물속에 들어가서 나올 때까지 피부에 닿는 물의 감촉을 느껴보자.

5. **물 마시기.** 사람은 하루에 1.5~2리터의 물을 마셔야 한다. 물은 몸을 맑게 하고 충분한 영양 상태를 유지하게 한다. 자주 물을 마시기 힘들다면, 적어도 3시간마다 80㎖의 음료를 마시길 바란다.

10월 날
정체성 찾기

자신을 껴안기

공포는 감옥이다. 두려움과 마찬가지로 나쁜 인간관계 역시 사람을 지배할 수 있다. 누구든 언제나 두려움으로부터 벗어날 수 있는 힘을 가지고 있다. 그러나 지금 당신에게 그러한 힘이 있다고 느껴지는가?

당신은 자신에게 무언가 특별한 점이 있음을 잘 알고 있을 것이다. 그 특별함은 아마도 과거의 연인이 당신을 처음 만났을 때 느꼈던 매력일 것이다. 하지만 삶의 활력소로 기능하지 않는 관계 안에서 행복을 찾기 위해 발버둥치는 상태에서는 당신의 매력은 빛을 잃어버린다.

사람은 행복하고 건강한 관계를 유지하려고 노력하며 그 안에서 만족을 느낀다. 즉 친구가 되고, 서로에게 도움을 주고 보살피며, 가슴속에 사랑을 키움으로써 건강한 관계를 지켜 나간다. 사랑을 줌으로써 얻는 보상은 바로 그 사랑이 되돌아오는 것이다. 얼마나 상대에게 관심을 쏟는지에 따라 인간관계는 무한히 발전할 수 있다.

그러나 인간관계가 한번 틀어지기 시작하면 지루하고 활력 없는 상태가 지속된다. 희망과 돌봄 대신에 두려움이 그 자리를 대신하고, 사랑에서 도피해 어디든 몸을 피하고 싶은 갈망이 자라난다. 그러면서 서서히 당신은 외로움에 잠식당한다.

외로움은 그 자체로 엄청난 동기를 만들어 낸다. 외로움을 적절히 다루지 않으면 무력감에 갇히게 된다. 그다음은 자신의 존재를 잊어버린다. 홀로 시간을 보내며 점차 이 세상에 자신의 존재감이 없다고 믿게 된다.

자기 자신이 누구인지 잊어버리는 것, 이는 비정상적인 관계로 인한 최악의 시나리오다. 방황이 오래 지속될수록 스스로를 더욱 잊게 되고, 그와 같은 경험 뒤에는 유약해지고 움츠러들며 다시 사랑할 수 없는 상태가 되고 만다.

진정한 자신 안에서 강하게 버틸 수 있는 방법을 배우게 되면, 부정적인 관계에서 생긴 상처를 치유하는 데 과도하게 긴 시간이 요구되지 않는다.

자신이 진정 누구인지 기억하고, 강하게 버텨 내는 일은 언제든 시작할 수 있다. 스스로 선택하기만 하면 된다. 빨리 시작할수록, 어떠한 관계에 있어서의 자신의 위치를 더 빨리 알아차릴 수 있다.

두 사람의 관계는 돌이킬 수 없을 만큼 멀어졌고, 그 사실을 당신은 눈치챘다. 그 사람과 함께 할 것인지 아니면 헤어질 것인지 선택해야 했고 결국 두 사람은 이별했다. 그 관계를 잘 마무리했음에도 당신의 마음은 왜 여전히 편안하지 않은가? 그 이유를 알고 있는가?

너무 오래 자신을 묻어 두거나 억누른 나머지 과거 연인의 도움 없이는 밖으로 나갈 수조차 없다고 느낄 수도 있다. 그 사람은 최근 당신과 이별한 그 대상인데도 말이다. 벗어나고자 했던 바로 그 사람에게서 도움을 얻고자 한다는 게 얼마나 큰 모순인가. 만일 과거 연인에게 도움을 얻어 당신의 마음이 편안해질 수 있다 하더라도 그건 별다른 의미를 지니지 못한다. 스스로 얻은 것이 아니기 때문이다.

당신 스스로 혼란스러움과 자기 불신을 버리려고 하지 않는 한 자신의 진정한 가치를 재발견할 수 없다. 억눌린 생각을 밖으로 끄집어냄으로써 당신이 진정 어떤 사람인지, 앞으로의 삶 속에서 어떤 모습으로 변화하게 될지 그 모습을 구체적으로 그릴 수 있다.

무엇부터 바꿔야 할까? 우선 해야 할 일은 자신의 강점과 약점을 스스로 솔직히 평가하고 그것을 받아들이는 것이다. 개성 있는 한 인간으로서 자신의 특징을 긍정적으로 검토하는 시간을 가져보자. 그리고 나서 자유를 만끽하며 자신의 행동에 대한 책임을 기꺼이 받아들여라.

불편한 관계에 있을 때조차 사람은 언제나 자신에 대해 생각하고 있다. 당신이 느끼는 방식, 반응하는 방식이 진정 당신이 누구인지를 말한다. 그렇기에 자신이 누구인지 알고, 특징을 파악하는 데는 오랜 시간이 소요되지 않는다. 마음먹기에 따라 단 하루 만에 끝낼 수도 있다.

다음 질문에 성실히 답하며 자신이 어떠한 사람인지 다시 깨닫기 바란다. 적어도 10가지 정도 자신의 특징을 정리해 보자.

- 당신을 웃음 짓게 하는 건 무엇인가?
- 사람들이 당신의 어떤 점을 좋아한다고 느끼는가?
- 당신의 가장 친절한 성품은 어떠한 점인가?
- 당신의 가장 강한 면모는 무엇인가?

- 당신의 가장 엉뚱한 면은 무엇인가?

- 남들에게는 없는 자신만의 장점은 무엇인가?

- 당신은 사랑 표현을 어떻게 하는가?

앞으로 열흘 동안 잠자리에 들기 전, 위에 답한 자신의 특징을 하루 한 가지씩 사색하는 시간을 갖도록 하자.

10일 차. 회복 프로그램
살이 맞닿는 경험

인간은 희한한 특성을 가지고 있다. 우리와 같은 종으로부터의 접촉을 필요로 하는 것이다.

어른에게 있어 '접촉'은 언제든 추후에 채울 수 있는 시급한 사항이 아닐 수 있다. 반면 새로 태어난 인간에게는 '접촉'이 매우 중요하다. 어린아이는 다른 사람의 지속적인 손길 없이는 무력해지기 쉽고 심지어 사망에까지 이른다고 한다.

이별 후에는, 그동안 육체적인 친밀감을 나눠 왔던 한 사람이 당신의 삶에서 사라지게 된다. 그렇기에 이러한 시기에 다른 사람과 살이 맞닿는 경험은 매우 중요하다. 간단한 스킨십만으로 마음에 안정과 위안을 얻을 수 있다.

대개 사람들은 인사할 때 하는 간단한 악수 외에는 일상적인 육체적 접촉을 그리 편하게 생각하지 않는다. 때와 장소에 따라 어떠한 스킨십은 상대에게 위협적인 느낌을 줄 수도 있고, 때론 동성애자로 오인받기도 한다. 이러한 사회 분위기 때문인지 외로운 사람들의 육체적 고립감은 점점 커져 가고 있다.

접촉이 단절된 상태에서 많은 사람들은 위로를 구하고자 난잡한 성생활의 덫에 빠져들기도 하는데 이는 깊은 공허함만 남길 뿐이다. 단지 그 성적 대상에게서 친밀감을 찾을 수 없기 때문이 아니다. 문제는, 대개 중요한 인간관계를 끝낸 지 얼마 지나지 않은 사람은 다른 이성과 만족스럽게 성적으로 연결될 준비가 되어 있지 않다는 데 있다.

이러한 사람에게는 성적 경험이 아닌 단지 살이 맞닿는 감각, 한 사람으로서 인정받는다는 느낌을 받을 수 있는 가벼운 스킨십이 더욱 중요하다. 그렇다면 어떻게 이러한 접촉이 가능할까?

우선, 하루에 얼마나 많은 사람과 만족스럽게 접촉할 수 있는지 혹은 다른 사람이 나에게 다가와 접촉하도록 할 수 있는지 이를 자신에게 일종의 숙제로 내주고 재미있는 놀이로 만들어 보자.

모든 사람은 당신과 다르지 않음을 기억하라. 그들도 접촉을 필요로 한다. 다른 사람에게 먼저 손을 내밀고 접촉을 시도하는 것은 그들의 정신 건강에 조금이라도 도움을 주는 것이다.

어떻게 하면 오해받지 않으면서 안전하게 다른 사람과 접촉할 수 있을까? 답은 간단하다. 그들에게 당신이 원하는 것과 원하지 않는 것을 솔직하게 열어 놓는 것이다.

성적인 오해를 사지 않을 만한 사람을 대상으로 그들에게 포옹을 부탁해 보자. 친구, 친척, 가족, 동료 등에게 순수한 접촉을 시도해 보자. 누구에게 어느 정도 선으로 스킨십을 해야 할지 감이 잡히지 않는다면, 포옹보다는 악수나 팔짱을 끼는 행위 정도를 유지하자.

또한 언제든 적당하다는 판단이 들면, 두 손을 사용해 타고난 정치가처럼 악수를 청하자. 오른손으로 상대의 오른손을 맞잡고, 왼손은 상대의 팔이나 어깨에 올린다. 대화를 할 때는 상대방의 말에 맞장구를 치며 자연스럽게 어깨를 다독일 수 있다. 이 과정에서 느껴지는 온기와, 이 사소할지 모르는 행동이 불러일으키는 밀접함을 느껴 보길 바란다.

금전적 여유가 있다면 전문가로부터 마사지를 받아 보길 권한다. 뜨거운 물로 샤워를 하거나 한증막에서 땀을 쫙 뺀 뒤에 전문가로부터 시원한 마사지를 받으면 신체에 활력이 솟구칠 것이다.

11일 날
다시 관계 맺기

은둔으로부터 나오기

오늘은 그동안 소홀했던 주변 사람들과의 관계를 재정비하는 시간을 가질 것이다.

한때 당신과 무척 가깝게 지내던 사람들은 지금 어디서 무얼 하며 살고 있는가? 당신은 그들과 어떻게 멀어지게 되었는가? 다시 그들을 찾는다면 환영받을 수 있을까? 그럴 수도 있고 아닐 수도 있다.

진정한 친구라면 대부분 당신을 이해할 것이다. 당신은 그들 곁에서 안도감을 얻을 수 있을 것이며, 한동안 무심했던 데 대해 미안함을 느낄 것이다. 가족의 경우 그간의 무심함을 용서하지 못하거나 이혼 자체를 인정하지 않아 당신을 이해하는 데 더 오랜 시간이 필요할 수도 있다.

나에게 마음 써 주는 사람이 있다는 것 자체가 이별에서 회복하는 데 커다란 자산이 된다. 오래 알고 지낸 사람들은 당신에 대해 어떠한 인식을 가지고 있을 것이다. 아직 상처가 완전히 아물지 않은 상태이기에 어떤 인식은 고통스럽게 들릴지도 모른다. 그러나 그들의 선의를 믿는다면 상대의 통찰이 상처로 다가온다 해도 솔직하게 의견을 말해 준 것에 감사해야 한다.

때론 비판적인 조언을 높게 평가할 필요가 있다. 너무나도 흔히 그러한 지혜는 당신이 등을 돌리고 있는 사이 흘러가 버리고 만다. 만일 당신이 그 지혜를 받아들이고 변화할 수 있다면 예전과 같은 감정의 구렁텅이로 다시는 빠지지 않을 것이다.

오랫동안 소홀히 지냈던 사람 중 10명을 선정해, 리스트를 만들어 보자. 그리고 2주에 걸쳐 그들에게 전화를 걸어 보자. 피할 수 있다면, 과거 연인 혹은 배우자에 대한 이야기는 하지 않는 편이 좋다. 단지 그들과 교감을 나누는 것에 집중하자. 그들과 대화를 나누다 보면 자신의 좋은 면과 가치를 깨닫고 동시에 가슴속 빈 공간이 자연스럽게 채워질 것이다.

촉각 활용하기

모든 감각은 신체를 통해 느낌을 전달한다. 고뇌나 슬픔이 몰려올 때마다 고통을 줄이는 방법 중 하나는 당신의 관심을 즐거운 감각으로 돌리는 것이다. 신체의 다양한 감각을 이용할 수 있는데, 오늘은 촉감 활용법에 대해 이야기해 보자.

가까운 꽃집을 방문해, 화단이나 작은 못에 장식재로 쓰이는 돌이 있는지 찾아보자. 미끄럽게 감기는 타원형에, 표면에 홈이 있어 손가락으로 그 감촉을 느낄 수 있는 것이 좋다. 원하는 돌을 찾았다면 그것을 구입하자. 저렴한 가격으로, 언제나 동행할 수 있는 친구를 얻은 셈이다.

주머니에 돌을 넣고 다니며 기쁘거나 화나는 일이 있을 때마다 돌을 매만져 보라. 돌에 이름을 붙이는 것도 좋은 방법이다. 돌의 표면을 만지다 보면 안정과 평안을 얻을 것이다.

향기 나는 돌

돌을 이용해 촉각뿐 아니라 후각을 통해서도 기쁨을 얻을 수 있다. 당신이 좋아하는 향이 담긴 오일(21일 차 회복 프로그램 참조)과 알코올을 섞는다. 이때 소독용 알코올은 안 되고 보드카는 이용 가능하다. 그다음 그 용액에 하룻밤 정도 돌을 담가 두자. 구멍이 있는 돌은 충분한 향을 흡수해 코에 댈 때마다 신선한 기분을 느끼게 한다.

이 향기 나는 돌을 담아 둘 수 있는 작은 천가방을 구하면 지갑이나 호주머니에 냄새가 배지 않는다. 더 좋은 방법은 안감이 덧대진 벨벳으로 된 가방을 구하는 것인데, 벨벳의 촉감을 느끼며 더욱 안정감을 찾을 수 있다.

12일 날
평온 찾기

무의식적인 두려움의 가장 큰 문제는 뇌가 항상 부정적인 일을 기대하게 한다는 것이다.
진화적으로 이것은 우리를 보호하려는 조치였지만, 무의식적인 두려움이 뇌를 장악하면
과보호가 일어난다… 두려움을 정당화하는 대신 희망을 이용해 두려움을 없애면 어떨까?
희망이 더 강하면 두려움보다 먼저 뇌를 차지할 테니까.
-스리니바산 S. 필레이

두려움 없애기

사람들이 말하듯, 시간은 많은 것을 해결해 준다. 그러나 시간은 또한 예상치 못한 불쾌감을 전달할 수도 있다.

헤어짐 다음에 따라오는 불쾌한 경험 중 하나는 갑작스런 두려움이다. 공포는 자신이 갇혀 있다는 자각이 들 때 찾아온다. 즉 싸울 대상도, 갈 곳도 없는 자신을 발견했을 때다. 암흑 속에서 길을 잃고 두려워하며 혼자 꼼짝할 수 없을 때다. 당신이 볼 수 있는 거라곤 상실로부터 생긴 황량한 공허뿐이며, 앞으로 더욱 암울해질 거라는 절망감을 느낄 뿐이다.

스러져 가는 관계 속에서 가장 하기 어려운 일은 그 모습을 있는 그대로 논리적으로 바라보는 것이다. 설사 그것을 분명히 본다 하더라도, 관계에 큰 영향을 미치는 경우는 별로 없다. 사랑은 논리로 해석되지 않기 때문이다. 어쩌면 상대가 당신에게 맞지 않거나, 신실하지 못한 사람임을 분명하게 인식할지 모른다. 그럼에도 당신은 상대를 사랑하고, 감당할 수 없는 문제를 홀로 해결할 수밖에 없다고 결론을 내리게 된다.

어떤 이들에게 있어 때로 사랑은 모든 문제를 풀 수 있는 열쇠가 되어 주지만 그러나 상대를 행복하게 사랑하려면 자신 또한 사랑하고 존중해야 한다. 일방적인 사랑은 끝내 이루어질 수 없다.

사람들은 하나의 중요한 인간관계를 끝맺을 때 단지 자신의 운명을 비통해하는 데서 끝내지 않는다. 앞으로 혼자 가야 할 길을 두려워하게 된다. 혼자라는 건 자신밖에 없다는 것이고, 완전함과는 거리가 있다.

당신이 채워지지 않은 반쪽이라면 어떻게 홀로 지낼 수 있을까? 그렇게 느끼고 있다면, 새로운 성장의 기회가 오더라도 당신은 그것을 온전히 붙잡을 수 없게 된다. 자신의 생각에 갇히기 때문이다. 시간을 다 써 버렸고 선택의 여지도 없다는 생각에, 뭔가 어긋나 있다는 느낌 속에 당신은 두려움을 느끼게 된다.

그러면 왜 사람들은 이런 식으로 공포감을 느낄까? 왜 사랑했던 사람을 넘어서는 일이 과제가 되어 버리는 걸까? 왜 사람들은 자기 파괴적인 행동을 매번 반복해서 행할까? 일부 환원주의자들은 그것이 인간의 본질이고, 친밀한 관계의 상실에서 오는 고통을 치료하는 데 긴 시간이 필요하다고 말한다.

그러나 때때로 그것은 이별로부터의 상실에서 온 상처가 아니라, 치유를 갈망하는 해묵은 부적절한 느낌에서 비롯한다. 실제로는, 스러져 가는 관계의 중·후반기에 이러한 해묵은 정신적 상처가 막 깨어났을 확률이 높다.

당신이 혼자라는 사실을 발견했을 때처럼 그것은 지금 당신을 무척 고통스럽게 할 것이다. 어쩌면 당신은 과거 연인과 함께 할 때는 어떤 고통도 느끼지 못했을지 모른다. 고통을 피하려는 것은 인간의 본성이기에, 사랑에 기초하기보다는 차라리 고통에 무감각해진 상태로 관계를 지속했을지 모른다.

어떻게 해야 여기에서 헤어날 수 있을까? 다른 사람을 끌어들여 당신 안의 빈자리를 채울 것이 아니라 어떻게 스스로 벗어날 수 있을까? 가장 간단한 방법 중 하나는 과거에 두려움과 상실의 무게가 갑자기 떨어져 나갔을 때의 느낌을 기억하는 것이다. 당신은 어쩌면 그때보다는 여력과 시간이 충분할지 모른다. 타인의 잣대로 당신이 평가받지 않는다는 점과 당신의 생각은 모두 자신으로부터 나오고 있음을 기억해야 한다.

고통을 피하려는 욕구가, 사랑하고 사랑받고 싶은 욕구를 잠식한다면 그 관계는 균형을 잃게 된다. 무감각한 관계에서 온전하고 풍요로운 삶을 꿈꿀 수 없다. 둘 사이를 채우던 공간이 사라지면, 이제 불편한 진실과 직면해야 한다. 자신이 당면한 문제에 책임을 지고 그로부터 배워 나갈 때 모든 것이 변화하기 시작한다. 혼돈이 걷히고 절망이 사라지며 그와 동시에 더 나은 판단을 하게 된다.

어떤 불안정한 상황에도 긍정적 발걸음을 뗄 수 있다. 마음의 결정만 내릴 수 있다면 말이다. 당신의 행복이 다른 사람에 의해 좌우되지 않음을 머릿속에 새기는 것이다. 그리고 이제 당신은 한 걸음 물러서서, 깊은 숨을 들이쉬고 마음을 가다듬을 수 있다.

이별이 당신에게 추한 상처를 남겼는가? 끝이 좋지 않음에도 마음만은 그 어느 때보다 사랑으로 넘친다면 당신은 이에 혼란을 느낄 것이다. 당신은 과거로 다시 돌아가 화해를 하면 어떨까 생각하는가? 상대가 이기적이거나 불안정한 관계였다면 깨끗한 이별이란 처음부터 불가능했을 것이다. 과거의 상대가 더 이상 당신을 사랑하지 않는다 해도 아직 그 사람은 당신 세계의 커다란 일부일지 모른다. 자신의 감정이 상대방의 행동에 따라 움직인다는 기분이

들 때 무력감을 경험할 수 있다. 그렇다면 왜, 당신을 움직일 수 있는 강력한 힘을 그 사람이 갖도록 하는가? 결코 아무도 당신의 행복을 결정할 수 있는 힘이나 권한을 가질 수 없다. 이런 깨달음을 얻는다면 당신은 더 이상 내부의 공허함을 채우기 위해 텅 빈 인간관계 속으로 빠져들지 않을 수 있을 것이다. 당신이 진정으로 좋아하는 사람을 찾을 것이기에 말이다.

마음을 가라앉히고 마음을 정화시키면 감정의 눈이 맑게 변한다. 당신은 과거의 상대가 처음에 생각했던 모습이 아니란 걸 어떻게 알았는가? 왜 그런 생각을 하게 되었는지 이해하고 있는가? 그렇다면 그런 깨달음에 대해 자부심을 가져도 된다. 또한 당신은 한 인간과의 관계를 지나왔음에도 긍지를 느낄 수 있다. 다른 사람을 사랑하는 일에는 용기가 필요한데, 당신은 기꺼이 그러한 용기를 내서 기회를 잡았다.

둘 사이의 관계는 끝이 났고, 당신은 충분한 시간 동안 내면을 채워 나갈 필요가 있다. 바로 그 지점으로부터 당신은 불안감을 몰아내고 마음에 평화를 얻게 될 것이다.

화를 내려놓기

당신이 느끼는 고통의 일부는 아마 분노와 연결되어 있을 것이다. 다시 말하지만, 누가 먼저 떠났는지는 중요한 문제가 아니다. 실패한 관계는 슬픔이란 고통을 만들고, 그 슬픔을 따라 분노의 감정이 흘러나온다.

사람은 화에 대한 선택권을 가지고 있다. 화를 내보낼 수도 있고, 가둬 둘 수도 있다. 자신 안에 화를 가둬 두는 이유는 '나쁜' 감정에 휩쓸릴까 두려워하기 때문이다.

적절한 분출구를 찾지 못한 화는 수많은 감정을 촉발한다. 불안, 우울, 자기 비하, 독선, 잔인함, 복수심, 피해 의식, 공허함 등 '어둡거나' '부정정인' 느낌들이다. 이러한 감정들은 바깥으로 분노를 표출하고, 성찰의 시간을 거쳐야 직접적이고 효율적으로 다루어질 수 있다.

당신의 화, 분노 혹은 미움은 위험수위에 도달해 있는가? 자신의 감정을 성숙하게 받아들이지 못하고 이별 대상에 대한 복수의 환상에 젖어 통제력을 잃어버린 경우에는 어떻게 해야 할까. 몰래 남의 뒤를 밟고, 해코지하고, 순간적인 화를 조절하는 데 실패하는 사람은 종국에는 자신의 상황을 더 어렵게 만든다. 충동적인 행동은 자기 경멸을 불러올 뿐이다. 자아에 대한 증오는 악의적이고 자기 파괴적인 형태로 더 많은 화를 불러일으킨다.

1단계 : 상황 받아들이기

자신 안의 분노가 불러올 갈등 상황으로부터 빠져나올 수 있는 1단계는 그 감정과 마주하는 것이다.

당신은 과거 연인을 미워하는가? 아니면 그 사람을 사랑하는데 그를 붙잡지 못한 당신을 미워하는가? 아니면 두 사람이 관계를 끝내는 데 부정적 영향을 미친 다른 사람들을 미워하는가?

자신이 어떤 점을 가장 부정적으로 느끼는지 가능한 정확히 파악해야 한다. 과거 연인, 자기 자신, 두 사람의 이별에 일조한 사람들에 대해 당신은 어떠한 감정을 가지고 있는가? 그러한 감정이, 다른 이성에 대한 당신의 관점에 어떠한 영향을 미치는가? 또는 세상을 보는 관점을 어떻게 바꾸었는가?

최대한 정직하고, 조심스럽게 위의 질문에 답해 보라. 그렇지 않을 경우 어느 순간 터질지 모를 분노의 폭탄 위에 앉아 있는 셈이 되어, 그 누구보다 자신을 해치게 될 것이다.

2단계 : 자기분석

당신의 이별에 관여한 사람들에 대한 화, 분노, 증오에 대한 느낌을 수면 위로 끌어올릴 수 있다면 이미 목표의 절반에 다가간 셈이다. 이제 2단계 내적 성찰이 필요하다.

사람의 생각은 빠르게 지나가기에, 여러 단계를 거쳐 감정이 화로 거듭나기까지의 과정을 이해하지 못할 수 있다. 이러한 감정의 변화는 종종 알아차리기 힘이 드는데, 자신의 감정 상태를 아는 것은 대단히 두려운 일이기 때문이다. 간단히 말해, 사람은 자기방어적인 통로로 화를 사용하는 경향이 있다. 즉 위협을 느끼면 자신의 유약함을 알아차리고 방어 수단으로 화를 내는 것이다.

그런데 이때, 왜 위협을 느꼈는지 가만 생각해 보면 굳이 화를 낼 필요는 없었음을 알게 된다. 자신이 처한 상황을 좀 더 주의 깊게 살펴보면, 어쩌면 당신의 화는 상대 혹은 제삼자보다는 본인에게 향한 것인지 모른다.

한번 생각해 보자. 화가 났을 때, 당신의 머릿속은 누구에 대한 부정적인 메시지로 가득 차 있는가? 혹 다음과 같은 생각을 하고 있지는 않은가?

'나는 사랑할 수 없는 존재야.'

'나는 정말 바보 같아.'

'나는 인생의 낙오자야.'

'나는 힘없는 어린아이 같아.'

'일이 이렇게 된 건 나 때문이야.'

'다른 사람은 그렇다 치고, 나는 내 판단을 믿을 수 없어.'

이러한 생각들은 전부 자신을 과소평가하고, 자긍심을 심하게 손상하는 것들이다. 이는 화, 분노, 증오 같은 격한 감정을 불러오고, 그러한 감정으로 인한 고통은 그것을 만들어 낸 당신에게 돌아온다. 즉 당신은 마음속 법정에서 재판을 받고, 경멸 죄를 선고받는다.

3단계 : 자존심 회복

잃어버린 자존심은 다시 회복될 수 있다. 자존심을 찾으면 격정적인 감정이 사그라지고, 냉소적이지 않은 유머와 같은 적절한 분출구를 찾게 된다. 그러는 중간에 자신의 화가 자기 파괴적인 형태로 분출되지 않도록 해야 한다.

시간이 지나 또 다른 상처로 되돌아오지 않도록 자신 안의 화를 내보내야 한다. 주위에 폐를 끼치지 않는 범위에서 소리를 지르거나 베개와 같은 물건을 두들기며 화를 분출할 수 있다. 또는 믿을 만한 친구에게 분노를 털어놓음으로써 당신의 시각을 되찾는 데 도움을 받을 수 있다. 특히 당신이 자신의 장점과 매력, 기본적인 가치를 바라보도록 도움을 줄 수 있는 사람과 함께 하는 것이 가장 이상적이다. 분노, 화, 증오와 같은 감정을 거북하지 받아들이지 않으면서도 자신 안에 그런 느낌을 담아 두지 않는 사람이어야 한다.

최종 목표는 과거 연인 혹은 모든 남자 또는 여자 혹은 이 세상을 포함해 당신의 이별에 대한 책임이 있다고 생각되는 모든 대상을 향한 화를 뛰어넘는 것이다. 화를 냄으로써 상대에게 의존하고 싶은 마음을 몰아낼 수는 있지만 그러나 이러한 방법은 자기 파괴적이고 중독성이 강해서 균형 있고 행복한 삶을 영위하는 능력을 파괴한다.

당신은 과거 연인과의 관계를 매듭지어야 할 역할과 책임이 있다. 그 사실을 이해하고 자신과 상대를 용서하고, 마음의 상처로 인한 고통을 내려놓아라. 그때 당신은 자기 자신을 지키고 온전히 깨어날 수 있다.

13일 날
창조하기

행운의 날

축하한다. 당신은 벌써 이별 후 2주 가까운 시간을 견뎌 왔고
아직까지도 우리와 함께 한 발, 한 발 나아가고 있다. 13일째 날
인 오늘은 '행운의 날'이라고 부르자.

오늘은 회복세를 상승세로 만들기 위한 방법을 찾을 것이다. 간
단히 말해, 행복해지기 위한 자신만의 처방을 만드는 것이다. 모
든 사람은 매일의 일상에서 자신의 창조적인 능력을 사용해 문제
를 해결한다. 이러한 창조력을 사용해 행복을 찾아가기 위한 새롭
고 효과적인 방법을 발견해 보자. 자신을 창조적인 사람이라고 생

각하라.

서문에서 말했듯 우리는 스트레스를 줄이고, 우울증이 생기지 않도록 하는 다양한 방법을 소개하고자 한다. 우리가 소개하는 방법들은 결코 당신을 지치게 하지 않을 것이다. 자신의 아이디어를 더해 적극적으로 문제를 해결하려는 노력을 기울여야 한다. 모쪼록 오늘 꼭 시도해 보기 바란다.

우리는 13가지 기분 전환법을 제시할 것이다. 우선 자신의 생각을 글로 적어 보고, 우리의 방법을 참고해 자신만의 행복 처방을 만들어 보자. 처방전을 완성했다면 이를 꼭 실천하는 것도 잊지 말아야 한다.

1. 자신을 아기처럼 대해 보자. 편한 옷을 입고 잠자리에 누워 자신을 포옹해 주자. 허밍으로 자신에게 자장가를 들려주자.

2. 한 주가 끝날 때마다, 일주일간 새로 사귄 친구의 수를 세어 보고 그들의 연락처를 메모하자. 매일 그날 새롭게 경험한 일을 달력에 적어 두자.

3. 머릿속으로 당신의 얇은 피부가 단단해지고 있다고 상상해 보자. 현재 상처로부터의 회복은 면역력을 만들어 미래에 또다시 겪을 수 있는 고통에 대비할 수 있게 한다.

4. 삶을 향상시킬 수 있는 1년 계획을 세워 보자. 꼭 필요한 경

우만 계획을 수정하리라 약속하자. 한자리에 계속 머물러 있기보다 울퉁불퉁한 길이라도 걷는 편이 낫다.

5. 하루에 단 몇 분이라도 다른 사람들과 온정을 나누는 시간을 갖기 바란다. 이러한 시간을 통해 지금 당신에게 필요한 관심과 사랑을 얻을 수 있을 것이다.

6. 많은 사람이 다음번 전투를 위한 전략을 고안하는 대신 지난번의 전투를 끊임없이 분석하며 시간을 허비한다. 지금은 존재하지 않는 과거의 관계를 계속 곱씹는다면 결코 현실과 발맞춰 나갈 수 없다. 과거에 매여 있으면 언젠가 새로운 관계를 시작할 시간이 와도 두려움으로 인해 기회를 놓치게 된다. 이는 사랑의 고통은 결코 치유될 수 없다는 믿음에서 비롯하는 것이다. 새로운 마음으로 긍정적인 태도를 유지하자.

7. 과거 연인의 입장에서 한번 생각해 보자. 새로운 관점을 통해, 두 사람이 헤어져야 했던 상황을 이해할 수 있을 것이다.

8. 거울을 통해 자신의 얼굴을 바라보며 못마땅한 듯 아랫입술을 삐죽 내밀어 보자. 마치 우는 아기의 얼굴 같지 않은가? 다음은 자신을 보고 환하게 웃어 보자. 홀로 남겨진 데 대한 불평과 울화, 불만을 품은 게 아닌 밝게 웃고 있는 자신의 모습이 보이는가? 당신은 자신의 행동을 스스로 책임져야 하는 성인이고,

성숙한 방법으로 자신에게 닥친 어려움을 표현해야 함을 기억하자. 과거를 반복하는 것이 아니라 청산하려는 노력을 기울여야 한다.

9. 어떤 대상에게 목매기 시작하면 그에 종속되고 만다. 과거 연인이 당신 없이도 즐거운 시간을 보내고 있지 않을까 궁금하다면 그 사람은 이미 당신 곁을 떠났음을 다시금 인지하라. 그리고 그러한 상상을 버려라. 이제 그 사람과 관련한 일은 당신의 관심사가 아닐뿐더러 시간 낭비일 뿐이다. 그 사람은 현재 자신의 선택에 따라 삶을 영위하고 있을 것이다. 만약 아직도 그 사람을 사랑한다면, 당신에게 크나큰 상처로 다가올지라도 그의 선택을 존중해야 한다.

10. 가슴속 응어리가 생기지 않도록 진실의 실타래를 풀어라. 현실과 마주하고, 치유하고 받아들이면서 앞으로 나아가라. 소리를 지르고, 몸으로 답답함을 표현하고, 일기를 쓰고, 명상을 하고, 바다에서 수영을 하고, 개와 함께 뛰놀거나, 아이스크림을 좋아했던 어린 시절로 돌아가 보자. 과거 연인의 그림자를 없앨 수 있다면 무엇이든 시도해 보자. 지금 상황이 힘들게 다가올지라도, 한때 사랑을 했었다는 사실을 용감히 받아들이고 이제 앞으로 나아가자.

11. 바쁘면서 생산적인 활동을 하자. 고통을 잊기 위해 단순히 자신을 바쁘게 몰아세우는 사람들이 있다. 그러나 개인적 성장 없이 몸만 바쁘다면 새롭고 유용한 통찰은 얻을 수 없다.

12. 무언가를 마실 때마다 컵에 입을 대기 전 자신을 향해 조용히 건배를 하고 자신의 미덕을 칭찬해 보자. 얼마나 오랫동안 건배의 말을 할 수 있을까? 2분도 좋고, 5분이라면 더 바랄 나위가 없다.

13. 명상이나 기도를 통해 빠른 회복을 기원하자. 실제로 기도는 희망을 향한 발걸음이자, 모든 인간의 정서를 떠받치는 것 중의 하나다. 종교가 없어도, 기도를 통해 한층 배우고 성장할 수 있다. 모든 기도에 이어지는 행동은 당신을 좀 더 나은 삶으로 이끌 것이다.

당신이 회복을 앞당기는 데 위의 조언이 어떠한 자극을 주었는가? 위의 조언 가운데 동의하지 않는 것이 있는가? 그렇다면 어떻게 바꿔야 당신에게 효과가 있을까? 창의적으로 접근해 자신만의 해결책을 모색해 보자. 그로부터 뭔가 깨달음을 얻을 수 있다면 오늘은 진정 행운의 날이 될 것이다.

창의적으로 자신의 불안을 해결해 나가자. 어쩌면 당신 안의 불안은 '과연 내가 사랑을 할 만한 사람인가' 하는 두려움에서 비롯되는지도 모른다. 그러나 이런 느낌을 버리기 전에는 회복은 더딜 수밖에 없다. 당신 안의 근거 없는 불안에 도전해 보라. 당신은 어떤 도전도 시도할 수 있을 만큼 강한 존재다.

사랑은 정열적으로 다른 사람과 감정을 주고받으면서도 그 행복에 도취해 자신을 완전히 잃어버리지 않는 것이다. 미래에 새로운 사랑을 하더라도 자기 자신을 바치는 순교자가 되어서는 안 된다. 당당해지고자 한다면 먼저 스스로에게 당당할 수 있어야 한다.

외부의 도움 받기

스스로의 힘으로 삶을 변화시키고 싶다는 의욕을 갖는 것만으로도 이미 성공으로 한 발짝 나아간 것과 같다. 그렇지만 때론 혼자의 힘으로는 감당하기 어려운 상황에 부닥치기도 한다. 이럴 경우 뭔가 도움이 필요한데 쉽게 접할 수 있는 것이 바로 여러 정보가 가득한 읽을거리다.

최후 마지노선

1995년 〈미국의 심리학자〉란 잡지에 펜실베이니아대학교 심리학과 교수인 마틴 E. P. 셀리그먼Martin E. P. Seligman의 논문이 실렸다. 심리 치료의 영향에 대한 연구 결과를 소개한 것이다.

그는 심리학 분야에서 학문적인 주도권을 행사하는 사람이지만 우리는 그의 여러 주장 가운데 반박하고 싶은 것이 있어 여기에 소개하고자 한다.

그는 알코올중독자 갱생회와 그곳에서 진행하는 12단계 프로그램(25일 차 회복 프로그램 참조)이 다른 어떤 치료법보다 자기평가에 있어 높은 향상을 가져왔다고 주장한다. 또한 공통의 고민을 가진 사람들이 정신적으로 상호 지원하는 모임, 가정의, 여러 분야의 심리 치료사가 모두 첫 6개월 동안 대략 비슷한 수준의 향상을 이끌었으며 그 후에는 심리 치료사가 앞서 갔다고 말한다. 이 결과에 대해 우리는 다음과 같은 질문을 던지고 싶다.

첫째, 6개월 이상의 정신과 치료 비용을 감당하는 것은 결코 쉬운 일이 아니다.

둘째, 외부의 도움 없이 스스로 혹은 가족, 친구, 종교 등으로부터 조언을 얻어 자신의 문제를 극복하고자 한 사람들의 경우와 비교 연구를 제시하고 있지 않다. 그렇기에 전문적인 치료나 의학 요법이 더욱 효과적이라고 단정 지을 수 없다.

셋째, 다른 연구 결과에 의하면 정신의학자, 심리학자, 사회사업가 들로부터 도움을 구한 사람들도 자기평가가 향상되었다. 또한 이들의 요법이 여타 정신과 치료에 비해 효과가 떨어진다는 연구 결과도 없다. 반면 결혼 상담자들은 정신적 혹은 육체적 치료만큼 그다지 효과를 보이지 않았다.

요약하면, 연구 결과는 시간 경과에 따른 변화 정도만을 제시하고 있기에 정신과 의사에게 도움을 청한 대부분의 사람이 어느 정도 시간이 지나 상당한 호전을 보였다 해도 그들의 상처받은 마음이 얼마나 치유되었는지는 알 수 없다.

우리가 추천하는 방법은 자신과 비슷한 고민을 가진 사람들과 서로 지지할 수 있는 모임을 갖는 것이다. 여러 보고서와 임상 효과를 포함한 연구 결과를 신중하게 살피고, 현역에서 왕성히 활동하는 심리 치료사 및 저명한 심리학자와 오랜 시간에 걸쳐 심리 치료의 유용성에 대해 이야기를 나눈 결과 얻어 낸 최선의 방안이다.

이러한 모임을 추천하는 데는 몇 가지 이유가 있는데 그중 가장 큰 장점은 비용의 효율성이다. 치료 비용이라고는 대개 자신의 자유 시간을 할애하는 정도에 불과하다. '모임'은 여러 사례연구를 통해 효과가 증명되어 왔는데, 중독 상태 특히 알코올중독의 경우 모임 활동을 통해 자기 파괴적인 행동을 바꾸는 데 효과를 보였다. 주의할 점은 자신에게 맞는 올바른 모임을 찾는 것이다.

일대일 치료

어떠한 모임에 참가하는 것이 처음에는 멋쩍을지 모른다. 혹은 프라이버시를 불편하게 드러내느니 금전적으로 부담이 되더라도 사적으로 의사와 상담하는 편을 선호할 수도 있다.

모임에 참가할 것인지, 일대일 처방을 받을 것인지 결정하기 전에 우선 자신의 상태를 점검해 볼 필요가 있다. 만일 감정적으로 심각한 상황이고, 지속적으로 문제를 겪어 왔으며, 약물 혹은 수술까지 고려하고 있다면 전문의를 통한 일대일 치료가 최선책이 될 것이다.

자신의 고유한 문제에 대한 답을 찾는 데 어떠한 길을 가든지 한 가지 기억해야 할 점은, 몸은 자연적인 치유 능력을 가지고 있어 시간이 지나면 제자리를 찾는다는 것이다.

14일 날
유혹에 맞서기

바보가 뒤를 돌아보며 길을 가듯,
후회도 우리의 발걸음을 잡으며 어물거린다.
-마틴 루터 킹

마음의 갈등

마음 상태를 점검해 보자. 외롭고, 지루하고, 비참한 기분이 드는가? 그렇다면 당신이 그리워하는 그 사람을 만나면 어떨까? 이런 제안이 거절할 수 없는 달콤한 유혹처럼 느껴지는가? 특히 춥고 외로운 밤에는 더욱 그러할 것이다. 혹시 기회가 주어진다면 어쩌면 당신은 전화기를 들고 이런 생각을 할지도 모른다.

'안부만 물으면 어떨까. 마지막으로 한 번만 만나 볼까?'

만일 이러한 유혹을 이기지 못하고 실행에 옮긴다면 그동안 몇 주간에 걸쳐 회복한 상태를 한순간에 무너뜨리는 셈이다. 과거 연인에게 전화를 걸거나 찾아가는 일이 시간 낭비임을 알고 있을 것이다. 그럼에도 과거의 습관은 무시할 수 없는 힘으로 다가온다. 이러한 변명을 늘어놓으며 말이다.

"그때 말 한마디만 잘했어도, 작은 고비만 넘겼더라면 어쩌면 상황이 바뀌지 않았을까."

또는 이별 과정에서 상대에게 차갑고 냉소적으로 대했던 것을 자책하거나, '애초부터 잘못된 만남'을 시작한 것에 대해 자신을 탓할 수도 있다.

이러한 잡다한 생각으로부터 자유로워질 수 있을까? 어떤 사람은 새로운 이성을 만나 자신의 복잡한 마음을 떨쳐 내고 싶어 한다. 한 여성은 이별을 고하는 방법으로, 새 애인을 사귀고 그에게 자기 대신 이별을 전하도록 했다. 이는 천박한 방법일 뿐 아니라 상대로 하여금 복수심을 불러일으킬 수도 있다.

잠재적인 위험을 수반한 또 다른 방식은 무조건 무시하는 것이다. 마치 이 세상에 그 사람이 없는 것처럼 행동하며 전화를 걸지도 받지도 않는 것이다. 마치 불을 얼음으로 바꾸려는 행위와 다름없다. 만일 상대가 비상식적인 사람이라면 효과적일지 몰라도, 보통의 경우 침묵한다고 해서 상대에게 이별이 전해지지는 않는다. 침묵은 발설하지 않고 내부에 가둔 말일 뿐이다.

사랑과 연민

자신을 사랑하는 마음을 가지고, 진정 자신이 무엇을 필요로 하는지 깨달아야 한다. 한때 연인이었던 그 사람은 아마도 현재 최선을 다해 살고 있겠지만 그 '최선'에는 당신이 포함되어 있지 않을 것이다. 이제 문은 닫혔고, 마침표가 찍혔다. 당신을 주춤하게 만들었던 전화벨 소리는 더는 울리지 않을 것이고, '안녕'이란 말이 마침내 현실로 다가오게 된다.

과거 연인이었던 그 사람은 지금은 당신의 사랑을 필요로 하지 않는다. 고개를 돌려 주위를 둘러보자. 당신을 필요로 하는 사람들이 보이지 않는가? 그동안 주변 사람들은 등한시한 채 연인과의 관계에만 몰두하지 않았는지 되돌아보자.

앞으로의 미래에 많은 사람과 새롭고 의미 있는 관계를 만들어 나갈 수 있으리라는 가능성을 믿는다면, 바라는 바 그렇게 이루어질 것이다. 강한 믿음은 현실이 된다.

당신은 사랑의 상실에서 벗어나 회복의 길을 걷고 있다. 성장하고 있는 자신의 본능을 믿어라. 내면의 목소리에 귀를 기울여라. 내면의 목소리를 들을 수 있는 감수성이 확장되면 치료는 탄력을 받는다. 내면의 소리를 귀담아듣다 보면 신선한 공기가 심장을 새롭게 만드는 느낌을 받을 것이다.

유머와 치유

사랑하는 사람을 잃은 고통으로 괴로울 때는 그 무엇으로도 웃음을 찾기 힘들다. 그럼에도 감정의 균형을 회복하는 가장 좋은 방법 중 하나는 유머 감각을 되찾는 것이다. 당신의 유머 감각은 없어진 게 아니고 다만 지금은 굳게 닫혀 있어 사용할 수 없을 뿐이다. 그것을 바로잡아야 한다. 유머에는 치유의 힘과 고통을 무감각하게 하는 기능이 있다.

큰 유머는 작은 유머로부터 시작한다. 작은 유머는 잔잔한 즐거움을 주고, 입과 눈가에 미소를 가져다준다. 큰 유머는 '웃음'과 같이 육체적으로 들썩이는 반응을 일으킨다. 어떤 종류의 웃음이든 웃음으로써 부정적인 느낌을 해소할 수 있다. 특히 격렬한 웃음은 최상의 효과가 있다. 처음 그 효과는 건강과 안정을 되찾는 데서 나타나기 시작할 것이다.

웃음의 생화학적 효과

의사들은 웃음의 생화학적 효과를 말한다. 웃음은 스트레스와 연관된 에피네프린, 코르티솔, DOPAC, 성장호르몬 등의 신경내분비 호르몬의 흐름을 막고, 면역 체계 활동을 자극한다. 또한 웃을 때 몸의 T-세포와 B-세포가 항체 생성을 시작하는 동안 병을 잡는 감마인터페론, 면역글로불린 A의 양이 증가한다. 그 밖에 웃을 때의 호흡은 산소량을 늘려 림프순환을 활발히 하고, 혈액 속 산소 수치를 높인다.

한 번의 격렬한 웃음은 몸을 빠르게 움직이는 에어로빅만큼 운동 효과가 있다. 또한 웃음은 폐질환을 앓고 있는 환자와 같이 폐를 청소할 필요가 있는 사람에게 확실히 도움을 준다. 크게 웃은 후에 안정을 취하면 근육이 풀리고, 혈압이 떨어지며, 생화학적인 측면에서 면역 효과가 최고 12시간까지 지속된다.

그동안 여러 연구를 통해 유머와 웃음은 고통을 덜고 건강한 수면을 유도하는 놀라운 능력을 가진 것으로 입증되어 왔고, 암과 관절염 같은 질병을 가진 사람들에게도 효과적이었다. 또한 규칙적으로 웃는 사람은 비교적 낮은 심장박동을 유지하며, 잘 웃는 사람은 위장병이나 심장병에서 낮은 발병률을 보였고, 감염병에도 더 큰 저항력을 보였다.

유머가 무엇이기에?

앞서 이야기한 유머의 유익함이 현재 당신에게는 잔인하리만치 동떨어진 것처럼 느껴질지 모르지만, 효과적인 치유를 위해서는 유머 감각을 되찾기 위해 노력할 필요가 있다.

단지 웃기 위해 좋아하지도 않는 코미디 프로그램이나 만화를 보라고 권하고 싶지는 않다. 너무나 많은 불행한 사람들이 코미디나 만화가 자신을 웃길 만큼 재미있지 않다고 말한다. 또한 예전에 무척 즐겨 봤던 영화나 책도 다시 보면 재미없는 경우가 많다. 보통 유머는 억지로 찾기보다 예상치 못한 혹은 놀라운 가운데 발생한다.

유머가 정말 무엇인지 깨닫는 것에서부터 유머 감각을 되찾기 위한 방법을 찾아보자. 사람이 최면에 깊이 빠져들었을 때의 효과를 연구하는 한 조사자는, 유머란 높은 형태의 자의식이라고 말한다. 그의 연구 결과를 보면 피험자들은 최면에 깊이 빠져든 몰입의 정점에서 마치 종교적 체험과 같은 신비로운 경험을 한다. 이러한 최고조의 상태를 10 수준이라고 하면, 피험자는 3 수준에서 '농담'을 인식하고 종종 웃음을 터뜨린다. 그는 이러한 사실을 들어, 최면에 빠진 피험자는 어떤 지점에 이르렀을 때 인간으로서 자신이 가진 조건이 경이로울 만치 어리석음을 깨달으며 웃음을 짓는다고 주장한다. 자신의 자아에서 나온 욕망의 뿌리가 어리석음이었음을 알고는 웃어 버리는 것이다. 즉, 어리석음을 알아차리는 감각과 유머 감각이 연결되어 있다는 것이다.

유머 감각 되찾기

유머 감각 혹은 어린아이와 같은 천진난만함을 되찾으려면 내면의 탐색을 시도해야 한다. 유머의 의미, 유머가 웃음이 되기까지 어떻게 불안과 놀라움 같은 감정에 의존하는지 생각해 보자. 마치 배우가 된 듯 옅은 미소에서 환한 웃음까지, 큰 소리로 웃기 혹은 껄껄 목청껏 웃기까지 다양하게 연습해 보자. 얼마나 진짜처럼 흉내 낼 수 있는가? 그 웃음이 진짜처럼 보이지 않아도 자신을 향해 웃을 수 있는가?

사람을 재미있게 만드는 것들에 안테나를 기울여 보라. 당신을 웃게 만들 사람이나 대상을 찾아보라. 유머가 담긴 애정 어린 눈으로 자신을 바라보라. 당신은 재밌는 것에 어떻게 반응하는가? 다른 사람들은 무엇을 보고 재미있어 하는가? 당신도 그것들이 재미있는가? 그렇지 않다면 그 이유는 무엇인가? 당신은 그들의 눈을 통해 자신을 보고, 스스로에게 애정 어린 미소를 보낼 수 있는가? 자신을 유머의 대상으로 삼는 법을 배운 사람만큼 매력적으로 보이는 사람은 없다.

지금 당장 재밌는 것을 찾아보기 바란다. 극장에 가서 코미디 영화를 볼 수도 있고, 인터넷에서 찾을 수도 있다. 웃긴 자료를 모아 둔 웹사이트가 많이 있고, 그중 어떤 것들은 정말 웃음을 참지 못하게 한다. 또는 당신을 웃게 하는 친구와 전화 통화를 하거나, 직접 만나서 재미있게 놀아 보자. 다른 이에게 웃음을 줌으로써 덩달아 즐거워질 수도 있다. 우스꽝스러운 모자를 쓰거나 유치하지만 악의 없는 농담을 건네며 웃음을 전달해 보자.

15일 날
축하하기

숲 속에서 길을 잃는 것은 소중한 경험인 동시에 놀랍고 기억할 만한 경험이다.
완전히 길을 잃거나 한 바퀴 돈 후에야 자연의 광활함과 신비로움을 인식하게 된다.
우리는 길을 잃고서야 즉 세상을 잃어버리고 난 후에야 자신을 발견하기 시작하고,
우리가 어디 있는지, 우리들의 관계가 얼마나 무한한지를 깨닫는다.
- 헨리 데이비드 소로,《월든》중에서

자신을 칭찬하기

당신에게 있어 자신을 위한 시간을 보내는 건 어떤 의미를 지니는가? 혼자 있으면 무섭고 불안한가? 고독을 즐길 수 없다는 건 뭔가 놓치고 있는 부분이 있기 때문이다. 혹시 당신은 곁에 다른 사람이 없이는 삶을 즐길 수 없다고 생각하는가? 이율배반적이지만, 타인과 새롭고 만족스러운 관계를 맺기 위해서는 혼자서도 편안하게 지낼 수 있는 법을 알아야 한다. 즐거움과 웃음의 깊이를 느낄 수 있어야 한다. 스스로 온전하고 독립적인 상태가 되면 다른 사람과의 관계에서도 최상의 결과를 이끌어 낼 수 있다.

혼자 있는 것이 두려운 이유는 '혼자'가 곧 '끝없는 외로움'이라는 생각 때문인가? '혼자'와 '외로움'이 연결되면 혼자 있는 시간이 일종의 처벌처럼 느껴질 수 있다. 하지만 실제로 개인적인 시간은 자신에게 주어진 고독을 만끽하며, 생각을 정리하고, 내면의 만족을 이끌어 낼 수 있는 최선의 기회다. 혼자 보내는 시간을 단순히 외롭다는 감정과 연결할 것이 아니라 다음 사랑을 위한 휴식기로 여긴다면 내적으로 보다 안정감을 얻을 수 있다.

홀로 시간을 보내며 자신을 칭찬하는 시간을 가져 보자. 당신은 지금껏 험난한 여정을 달려왔고 이제 중반부에 이르렀다. 오늘의 이 시간을 축하하자. 단지 지난 2주간의 진전이 아닌 앞으로 더욱 빛나게 될 미래의 모습을 기대하며 자기 자신에게 격려의 말을 전해 보자. 행복을 불러올 의지가 자신에게 있음을 자축하자.

오늘은 당신을 위한 계획을 세워 보자. 야외에 나가 바람을 쐬며 기분 전환할 수 있는 시간을 가져 보자. 전에는 미처 알지 못했던 당신의 모습과 그 주위를 둘러싸고 있는 새로운 기쁨을 찾아보자.

흔히 사람들은 결혼을 하거나, 독립생활을 시작하는 사람에게 기념으로 선물을 주곤 한다. 그렇지만 연인과 이별하거나 배우자와 이혼하는 사람에게 선물하는 일은 극히 드물다. 이러한 문화는 실패한 관계보다 성공한 관계를 중요시하기 때문일까? 그런데 누군가와의 관계를 끝내는 것이 꼭 실패를 의미하는가? 더 나은 변화를 위한 희망찬 시작으로 받아들일 수는 없을까?

이별의 방식에는 여러 가지가 있지만, 오늘은 '떠나는 자'와 '버림받은 자'에 대해 이야기해 볼까 한다. '떠나는 자'는 먼저 이별을 고하고 등을 돌리고 떠난 사람을 말한다.

'떠나는 자'와 '버림받은 자'로 나뉘는 이별은, 그 관계 밖의 다른 사람이 보기에는 어느 한쪽이 일방적으로 상처를 입었다고 생각되기도 한다. 그럴 경우 두 당사자와 교류하던 사람들은 어느 편에 서서 손을 들어줘야 할지 난감하게 된다. 그렇지만 사람들은 보통 먼저 '떠나는 자'가 이별에 대해 책임을 져야 한다고 생각한다.

'떠나는 자'가 되려면 몇 가지 경탄할 만한 성품이 요구되는데 위태로운 상황에서의 용기, 위험을 감수할 의지, 저항 앞에서의 결단력, 대중적 비난에 맞설 강한 캐릭터, 변화에 대처할 수 있는 기지 등이다.

이러한 성품은 '버림받은 자'의 입장에서 보면 그저 비정한 무감각, 잔인한 무관심 혹은 그보다 더한 무엇으로 비친다. 또한 이러한 부정적 시선은 주위 사람들에게도 그대로 전달되어, '버림받은 자'가 이별에 대한 각자의 책임을 인정하지 않는 이상 '떠나는 자'는 이러한 비난에서 벗어나기 어렵다.

그렇지만 실제로 '떠나는 자'가 '버림받은 자'보다 맘 편히 잘살거라는 것은 장담할 수 없다. 이를테면 경제적인 문제를 살펴볼 수 있는데 '떠나는 자'는 '버림받은 자'에게 모든 걸 넘겨주고 더러운 아파트에서 상자를 깔고 자야 할 형편일 수도 있고, 하나뿐인 냄비에 음식을 먹어야 할 수도 있다. 또는 두 사람이 같이 사용하던 차를 상대에게 넘기고 자전거로 출퇴근하고 있을지도 모른다.

만일 당신 곁의 누군가가 이별을 맞게 된다면 '떠나는 자', '버림받은 자'를 구분 지어 누구 한 사람을 비난하기보다 그들 각각의 새로운 출발을 축하하는 의미로 이별 선물을 건네 보는 것은 어떨까.

16일 날
기억하기

괴로움이 남기고 간 것을 맛보아라.
고통도 지나고 나면 달콤할 것이다.
-괴테

낙오자, 지킴이

오늘도 이별로 인한 우울한 기분이 느껴지는가? 그렇다면 가능한 빨리 괴로운 기분으로부터 달아나고 싶겠지만 단지 과거 기억을 피하는 것만으로는 고통에서 벗어날 수 없다.

역사적 시간에 비유하면, 당신은 지금 철기시대를 지난다고 볼 수 있다. 웅장한 실내 건축이 가능해지면서 자신의 권위를 다시 되찾게 되는 시기이다. 그러기에 당신의 건축물들이 녹슬지 않도록 해야 한다. 당신이 만드는 재건의 역사를 기록으로 남기는 건 어떨까.

일기를 쓰며 자신 안의 모든 것을 글로 표현해 보자. 글쓰기는 앞으로의 삶에 대한 영감을 얻는 기회가 될 수 있다. 종이에 무엇을 기록하는 자체가 고통이자 부담스러운 과제처럼 들린다면 자신만이 알아볼 수 있는 기호를 사용해도 좋다. 글의 양이 늘어날수록 빠른 회복이 이루어질 가능성이 높아진다.

글쓰기가 회복에 도움이 된다는 근거가 어디에 있는 걸까? 어떤 의사들은 불치병에 걸린 환자에게 일기를 쓰라는 처방을 내리기도 한다. 보스턴의 다나-파버Dana-Farber 암 연구소의 마지 데이비스Margie Davis는 '암에 대한 글쓰기' 강좌를 진행한다.

"과거 7년간 글쓰기 강좌를 진행하며, 글을 쓰는 일이 환자에게 치유의 효과가 있음을 목격했다. 인생에 커다란 일이 닥치고 그것이 삶의 관점을 어떻게 바꿔 놓았는지 돌아보며 글로 표현함으로써 억제된 느낌을 방출하게 되는데 이러한 글쓰기를 통해 자기 자신에게 집중하고, 자신이 쓴 글을 보며 스스로 놀라기도 한다."

데이비스의 수업 방식은 텍사스대학교 심리학 교수인 제임스 M. 페네베이커James W. Pennebaker가 발표한 연구 조사에 기초하고 있다. 스트레스의 원천에 대한 자신의 생각과 느낌을 글로 적음으로써 감정적이고 육체적인 측면을 치료할 수 있다는 것이다.

무엇부터 어떻게 적어 내려갈지는 자신이 원하는 방식으로 진행하면 된다. 일기 형식의 글을 원하지 않는다면 다음과 같은 질문에 답하는 것부터 시작할 수도 있다.

"헤어진 상대에게 심리 치료사를 보낸다면, 어떤 점을 고쳐 달라고 할까?"

"상대가 했던 행동 중 어떤 게 나에게 가장 상처가 되었지?"

이러한 질문의 답에 대해 글을 적다 보면 왜 옛사랑이 지금은 과거의 한 부분이 되었는지 이해하고, 그것을 기억에 새길 수 있을 것이다. 또한 다시 사랑을 시작할 때 꼭 피해야 할 상대의 특징을 알아차릴 수도 있다.

글쓰기를 하다 보면 한편으로는 불편한 마음이 들지만 또 한편으로는 위안을 얻을 수도 있다. 당신은 현재, 삶에 있어 중요한 경험을 해 나가고 있다. 그 하루하루를 기록하자. 자신을 다져 가는 날들의 기록이 훗날 당신에게 긍지를 더해 줄 것이다.

숨쉬기 훈련

인생을 살면서 숨 쉬는 법에 대해 배운 적이 있는가? 누구나 숨 쉬는 법쯤은 이미 알고 있다고 생각한다. '삶은 들숨으로 시작해 날숨으로 끝난다.' 그밖에 무엇을 더 알아야 할까?

스트레스와 불안을 해소하려면 숨 쉬는 법에 대해 더 많이 알 필요가 있다. 정신 및 육체 건강과 숨쉬기의 관계를 주의 깊게 연구한 사람들은 특별한 목적에 따라 수백 가지의 숨쉬기 패턴을 발전시켰다.

요가 수행자가 아니더라도 많은 사람이 숨쉬기를 조절하는 데 관심을 갖고 있다. 신체 중심의 심리 치료 방식인 재생 호흡법Rebirthing Breathwork이 레너드 오어Leonard Orr와 손드라 레이Sondra Ray에 의해 22년 전에 개발되었다. 요즘에는 많은 전문가들이 숨쉬기 테크닉을 사용해 몸속의 스트레스와 고통, 여러 단계의 감정적 상처를 밖으로 방출하는 걸 돕고 있다.

숨쉬기 테크닉에 대한 관심은 의학계로까지 번지게 되었다. 왜 냐하면 숨쉬기는 단순히 신진대사를 위한 산소 공급 이상을 수행하는 것으로 생각되기 때문이다. 호흡에 의한 폐, 횡격막, 흉부, 갈비뼈의 운동은 림프를 온몸으로 순환시킴으로써 면역 체계가 활성화된다. 거기다 더해, 숨쉬기 방식은 자율 신경계에 직접적으로 작용하는 것으로 보이는데, 긴장을 풀고 깊은 호흡을 하게 되면 신체 균형을 회복할 수 있다.

호흡 테스트

자주 한숨을 쉬는가? 아침에 일어났을 때도 피곤을 느끼고 온종일 그러한 상태가 지속되는가? 조금만 움직여도 자주 호흡이 가빠지는가?

전문가들은 사람은 분당 4~7회 정도 숨을 쉬어야 한다고 말한다. 폐는 약 7.5리터의 공기를 채울 수 있는데, 대부분의 사람은 한 번 숨을 쉴 때마다 약 0.5리터의 공기를 들이마신다고 한다. 이는 충분한 양이 아니다.

또한 사람들은 대개 분당 8~14회 정도 얕은 호흡을 한다고 알려져 있는데 이러한 호흡만으로는 몸의 요구를 들어주기에는 부족하다고 한다.

전문가들이 추천하는 호흡법은 뱃가죽을 한 번 폈다 다시 오므렸다 해서 가로막의 신축에 의해 하는 복식호흡법이다. 당신이 만약 얕게 숨을 내쉬는 스타일이라면, 하루에 몇 분이라도 시간을 내어 남은 평생을 위한 새로운 호흡법을 익히는 것은 어떨까.

숨쉬기 학교

동기부여가 토니 로빈스Tony Robbins는 하루 15분의 깊은 호흡을 소개한다. 거의 모든 곳에서, 앉거나 서서 할 수 있는 손쉬운 호흡법이다.

마치 몸이 비어 있는 잔이라고 생각하고 깊이 코로 숨을 쉰다. 가슴속을 꽉 채우고 밑바닥까지 가득 차도록 공기를 채워 나간다. 숨을 내뱉을 때는 역으로 위에서부터 바닥까지 천천히 내쉰다. 밑바닥에 남은 마지막 공기를 빼내려면 복부 근육을 안으로 당겨야 한다. 이를 15분 동안 반복한다. 토니 로빈스의 여러 추종자들은 이 호흡법이 어마어마한 활력을 가져다주었음을 이야기한다.

이 운동이 지겹다면, 스트레스를 제거하는 데 효과적인 벨로우 호흡법Bellows Breath을 시도해 보길 바란다. 똑바로 허리를 펴고 앉아, 복부를 안으로 당기면서 코로 벌레를 불어 버린다고 상상하며 숨을 내보낸다. 그다음 편한 자세에서 자연스럽게 숨을 들이마시고 다시 22회 정도 코로 빠른 날숨을 내쉰다. 그리고 깊은 숨을 들이마신 뒤 잠시 휴식을 취한다. 최대한의 효과를 얻기 위해서는 22회 날숨을 3세트 진행한다.

재생 호흡법을 하는 사람들이 하는 호흡 중에는 의식 결합 호흡 Conscious Connected Breath이라는 것이 있다. 탁월한 치유 효과와 변화를 볼 수 있다고 하지만 초보자가 혼자 시작하기보다는 전문가에게 훈련을 받는 것을 추천한다.

방법은, 입을 열고 가슴속이 꽉 차도록 숨을 들이쉬었다가 편안한 상태에서 입으로 날숨을 즉각 내쉰다. 15분 동안 멈추지 않고 이와 같은 숨쉬기를 반복한다.

또 하나 건강 증진과 맑은 의식을 위한 호흡법을 소개한다. 먼저 왼쪽 콧구멍을 막은 채로 깊게 숨을 들이쉬고 천천히 뱉는다. 그다음 오른쪽 콧구멍으로 바꿔서 하고, 양쪽 콧구멍을 번갈아 가며 10회 이상 반복한다. 1번에 10회씩 하루에 2~6번 반복한다.

호흡 다이어트

건강한 호흡을 배우면서 몸무게를 줄일 수 있는 참신한 다이어트 방법이다. 음식의 양, 시간, 식단에 상관없이 숨쉬기 방법만을 바꾸면 된다.

처음에는, 코로 재빠르게 숨을 들이쉬는 동시에 입 끝을 당겨 커다랗게 미소 짓는다. 가능한 한 많은 공기를 들이쉴 수 있도록 복부는 편안하게 유지한다. 두 번째로, 폐에 공기를 꽉 채운 뒤 숨을 멈추고 아래쪽 복부를 안쪽 위로 잡아당긴다. 세 번째로, 숨을 계속 멈춘 상태에서 가볍게 골반을 안쪽 위로 꺾고 엉덩이에 힘을 준다. 마지막으로, 코로 숨을 세게 내쉰다. 이때 갈비 아래 횡격막이 탄탄해지는 것을 느낄 수 있다.

이와 같은 패턴을 하루 10분씩 반복한다. 이보다 더 쉬운 다이어트를 들어 본 적이 있는가? 왜 이런 메커니즘이 일어나는지 여기서 상세하게 설명할 수는 없지만, 이 방법을 사용한 많은 사람이 효과를 보았다는 사실은 확실히 말할 수 있다.

17일 날
희망하기

환영

희망을 가지는 건 변화를 받아들일 수 있는 능력과 관련이 있다. 시간이 지남에 따라 열정이 사그라지고, 다른 방향으로 바뀔 수 있음을 받아들이자. 희망에 차 있다는 건 어제의 꿈이 오늘의 현실에서 이루어지지 않아도, 내일의 모험이 있음을 아는 것이다.

경험한 일들을 돌아보면 모든 사람은 변화한다는 것, 그것이 세상의 이치임을 알게 된다. 당신은 사랑으로 인해 상처를 입었지만 지금 그 사랑은 이미 과거가 되어 버렸다. 앞으로 당신이 할 일은 미래를 희망하며 이별을 마무리 짓는 것이다.

희망을 품지 않는 사람은 과거 연인에 대한 기억에서 쉽게 벗어나지 못한다. 그 사람을 떠나보내고 한참이 지나서야 마음속에서 지워 버린다. 종종 자신의 남은 평생을 빛바랜 옛사랑에 집착하며 보내는 사람도 있는데 진정 불행하다고 할 수 있다.

아직도 옛사랑이 당신을 떠나지 않고 곁에서 말을 건네고, 이야기를 들어 주고 있다고 느끼는가? 왜 당신은 괴로운 기억을 가슴속에 담아 두고 싶어 하는가? 아무도 당신에게 그렇게 하라고 강요하지 않는다.

이제는 과거의 기억을 떠나보내고 희망을 품고 앞으로 나아가야 할 때다. 여전히 가슴속에 남아 당신에게 영향력을 행사하려는 상대의 두려운 잔재를 떨쳐 버리고 미래를 준비하자.

지금 당신은 변화의 문턱에 가까이 와 있다. 자신을 학대하는 일을 그만두고, 분노와 우울로 가득 찬 구정물에서 빠져나오자. 내부에 감춰진 화는 파괴적인 위력으로 성장을 마비시킨다. 이미 잃어버린 사랑에 대한 절망과 분노는 의미 없는 감정일 뿐이다. 아무리 화를 내도 누구도 귀 기울이지도 않고 반응하지 않기 때문이다.

한번 이렇게 생각해 보자. 당신은 극장에 가서 영화를 보았다. 좋은 영화일 수도 있고, 보고 싶지 않은 것이었을 수도 있다. 영화가 끝나고 극장에 불이 켜진다. 이제 자리에서 일어나 밖으로 나가야 한다. 이별도 마찬가지로 당신의 사랑은 아름다웠을 수도, 좋지 않은 기억일 수도 있다. 그런데 이제 두 사람의 사랑은 빛을 잃었고, 이제 그 자리에서 벗어나야 할 때다.

무언가 상실했을 때 사람들은 종종 해묵은 삶의 문제를 꺼내 들여다보고 그로부터 새로운 사실을 깨닫기도 한다. 상실로부터 자신을 바꿀 수 있는 절호의 기회를 찾는 것이다. 더는 무력하게 시간을 낭비하지 말고, 새로운 자아 성장의 기회를 찾아보는 건 어떨까. 혼자 보내는 시간으로부터 마음의 평안을 얻을 수 있다. 매 순간 타인에게 의존하며 보내기보다 혼자 즐길 수 있는 것을 만끽하길 바란다. '고독'에 반드시 '외로움'이라는 딱지를 붙일 필요는 없다.

사람들은 대개 서로에게 열정 가득한 관계는 어떤 상황에서도 흔들리지 않으리라고 믿는 경향이 있다. 자신은 상대에게 열정을 다했고 상대 또한 그러했으리라 믿어 왔는데 어느 날 갑자기 두 사람의 관계가 끊어지게 되면 큰 혼란에 빠질 수 있다. 그때 자신에게 물어야 할 것이 있다. '진정 마음과 정성을 다해 상대와 깊이 있는 인간관계를 맺었는가' 하는 점이다.

지난날을 되돌아봤을 때, 어떤 일을 두고 둘 중 한 사람이 망설이거나 혹은 뒤로 한 걸음 물러선 일이 있는가? 두 사람의 마음이 엇갈리기 시작했을 때 이미 그때부터 둘의 관계는 점차 간격이 벌어지고 있었을지 모른다. 어쩌면 그때 당신이 저지른 가장 큰 실수는 상대를 떠나보내야 할 징조를 알아채지 못한 것일지도 모른다.

여러 번 그러한 징조를 찾았음에도 차마 상대를 떠나보내지 못한 거라면 그 이유는 무엇일까? 두려워서? 종종 사람들은 혼자가 될 거라는 두려움으로 인해 문제를 해결하지 않고 방치하는 경향이 있다. 그렇지만 나쁜 징조를 못 본 척 지나친다 한들 진정 그 사람과의 관계에서 기쁨을 기대할 수 있을까?

진정한 사랑은 상대는 물론 자신 또한 받아들이는 것이다. 사랑에 실패했다면 어쩌면 그것은 당신이 생각하는 것보다 더 약한 사랑이 아니었을 수도 있다.

이제 진실을 받아들이고 상처를 입지 마라. 진실은 당신이 어디에 있는지를 알려 준다. 마음속 진실에 귀를 기울이고, 자신에게 스스로 성장할 수 있음을 보여 주어라. 머릿속에 미래를 그리고 희망의 소식을 기다리는 법을 배워야 한다.

자유로울 수 있는 준비를 마치고 나면 희망을 가득 안은 채 미래로 나아갈 수 있다. 때로 삶은 전혀 예상치 못한 길을 따라 나아간다. 그렇다면 다음 내딛는 발걸음이 최선의 선택이 되게 하라.

지금이 곧 당신을 재정비할 그 때이다. 서성이다가 시간을 낭비하지 마라.

17일 차. 회복 프로그램
고통의 의미

상실의 고통을 통해 성장할 수 있는 기회가 생기기도 한다. "절망 속에 희망이 있다." 같은 판에 박힌 말이 구태의연하게 들리는가? 그렇다면 아우슈비츠의 유대인 포로수용소에서의 고통을 상상해 보자. 그곳에서는 자신이 아끼던 모든 것이 서서히 파괴되어가는 걸 하염없이 지켜만 봐야 한다. 사랑하는 사람들이 어디론가 끌려가 죽임을 당하는 사이, 당신은 죽음의 수용소에서 살아남기 위해 몸부림치는 것이다.

정신과 의사인 빅터 프랭클Viktor Frankl은 이러한 상상할 수조차 없는 공포의 체험을 《죽음의 수용소에서》라는 한 권의 책으로 엮었다. 천부적인 정신과 의사의 통찰력에 현명한 철학자의 영감 어린 관찰 내용이 접목되어 있다. 그는 실제로 아우슈비츠 수용소의 생존자로서, 인간의 삶에서 '의미'가 주는 중요성을 강조하며 '로고테라피logotherapy'라는 정신요법을 발전시켰다. logo와 therapy의 합성어로, 현실 문제에 철학적으로 접근해 가치관을 재고하고 의미를 발견하는 것이다.

프랭클은 삶의 도전이 그 자신의 존재 의미를 발견하게 해 준다고 역설한다. 삶의 의미는 시간이 흐름에 따라 바뀌지만 사람은 언제나 그것을 찾아내고 만다고 한다. 인간은 '당신에게 있어 삶의 의미가 무엇인가'라는 물음에 답할 책임이 있다.

프랭클은 '의미'는 세 가지로부터 발생한다고 말한다. 첫째는 어떤 일을 성취했을 때, 둘째는 진실·아름다움·선善·사랑과 같은 가치를 경험했을 때, 셋째는 고통으로부터 나온다고 말한다.

정신분석의 창시자인 프로이트와 달리 프랭클은 사랑에 빠지는 것이 성적인 충동에 수반되어 부수적으로 나타나는 것이 아니라, 그와 동등하게 중요한 것 혹은 좀 더 근본적이 아닐까 생각했다.

의미는 어디든 숨어 있다

한 의사가 아내를 잃은 고통에서 헤어 나오기 위해 프랭클을 찾아왔다. 프랭클은 거추장스러운 위로의 말 대신 이렇게 말했다.

"당신이 죽고 아내가 살았다면 어떤 결과가 일어났을까요?"

의사는 자신만큼 아내 또한 심한 고통을 겪어야 했을 것이라고 대답했다. 그러자 프랭클은 이렇게 답했다.

"죽음이 당신의 아내에게서 고통을 거두어 갔지만, 홀로 남은 당신은 살아서 아내를 애도해야 하는 대가를 치러야 합니다. 고통이 단지 고통에서 멈추는 순간은 그 의미를 발견할 때입니다."

프랭클은 그 의사로 하여금 고통의 의미, 즉 희생을 발견하도록 했다. 고통에 의미를 부여받자 그 의사는 자신의 운명에 대한 태도를 바꾸었다.

프랭클은 삶에 있어 주된 목적은 쾌락을 얻거나 고통을 피하는 것이 아니라, 경험하는 것들 뒤에 있는 근본적인 의미를 발견하는 것임을 강조한다. 고통에서 꼭 의미를 찾을 필요는 없지만, 고통의 여부와 상관없이 의미는 어디든 숨어 있다.

불필요한 고통은 피해야겠지만, 피할 수 없는 상황이라면 고통을 당하는 것에 수치심을 느끼지는 마라.

의미의 발견

상실의 고통을 겪는 과정을 깨달음의 여정으로 승화하길 바란다. 두 사람 사이의 진정한 의미, 이별의 의미, 현재 겪고 있는 고통에 따른 책임이 갖는 의미는 무엇일까? 이러한 의미에 대해 확실히 답할 수 없다면 다른 방식의 질문을 하겠다. 만일 둘의 관계가 끝나지 않았다면 그것은 무엇을 의미할까? 둘이 함께 한 시간 중에 당신이 가장 소중히 간직하는 경험은 무엇인가? 반대로, 그 사람과 관계를 끝냄으로써 발생한 긍정적 가치는 무엇이 있는가? 이를테면 이전보다 자립적인 사람이 되었다든가, 더 책임감 있고

자발적인 사람이 되었다고 생각하는가? 이별 후 당신에게 긍정적인 변화가 일어났다면, 앞으로의 상황은 지금보다 더욱 좋아지리라 희망할 수 있다. '고통에도 불구하고'가 아니라 '고통으로 인해' 바뀌게 될 것이다.

18일 날
기쁨 찾기

별을 따려고 손을 뻗는 사람은
자기 발밑의 꽃을 잊어버린다.
-제레미 벤담

행복과 만나기

거울 속에 비친 자신을 보며 다음과 같은 말을 읊조린 적이 언제인가?

"주름이 많이 늘었네."

"머리가 엉망이야."

"그냥 내 모습이 보기 싫다."

거울을 보며 자신의 약점만 찾은 게 언제가 마지막이었는가?

많은 사람들이 분명 이렇게 답할 것이다.

"오늘 아침."

"불과 몇 시간 전."

그러면 거울을 보고 자신에게 칭찬의 말을 한 것은 언제가 마지막이었는가? 너무 오래전의 일이라 기억할 수 없는가? 그렇다면 이렇게 생각해 보자. 거울에 비친 영혼이 그러한 비난을 듣는다면, 회복될 수 없을 정도로 가슴이 무너져 내릴 거라고.

사람들은 매일같이 쏟아지는 수많은 메시지에 민감하게 반응한다. 그중에서도 가장 강력한 메시지는 자기 자신으로부터 나온다. 만약 이를 방치한다면 당신은 거울을 보며 계속해서 자신의 단점만을 찾게 될 것이다.

거울을 보며 자기 자신에게 부정적인 메시지를 말하면 온종일 그 꼬리표를 달고 다니게 된다. 가장 심한 언어폭력이 자기 자신으로부터 나온다는 것이 끔찍하지 않은가? 반대로 매일 아침의 시작과 하루 일과의 끝에 거울을 보며 자신에게 칭찬이나 용기의 말을 한다면 어떨까? 희망찬 내일을 꿈꾸며, 주위에 둘러싼 가치를 잘 알아볼 수 있지 않을까.

이별 후, 거울에 비친 당신의 모습은 어떠한가? 만일 거울을 보며 자기 자신에게 비난을 퍼붓고 스스로에게 꼬리표를 붙이면서도 다른 사람에게는 위로를 받고 싶어 한다면 당신은 생존을 위한 경주만을 하게 될 것이다.

삶이 흥미로울수록 타인에게 의존하려는 마음은 점차 줄어든다. 또한 홀로 즐길 수 있는 법을 배울수록 그 사람의 매력 또한 점점 커진다. 자신에게 솔직히 물어보자. 단순한 인간관계 혹은 단지 기대고픈 사람을 만나길 원하는가?

자신의 삶의 의미를 되새겨볼 필요가 있기에 모든 사람은 어느 정도 혼자만의 시간이 필요하다. 과거 연인과의 관계에서 당신이 상대에게 가장 바랐던 것을 생각해 보자. 이전처럼 다른 사람으로부터 보살핌을 받고, 허락을 구하길 원하는가? 아니면 자신의 필요를 스스로의 판단에 따라 충족하길 바라는가?

질투나 억눌린 화로부터 발생한 행동은 자신을 파괴하게 된다. 그런 행동은 현재 상황보다 상실한 사랑을 통해 계속 살아가는 것과 같다. 다른 사람들은 모두 누릴지 모르는 즐거움을 혼자만 줄여 가면서 살기에 인생은 너무나 짧다. 지금은 스스로 기쁨을 만들 시간이다.

자신을 속이는 수많은 커플들은 끊임없이 겉으로 드러나는 사랑을 상대에게 확인시켜 줘야 한다. 하지만 진정한 관계를 맺기 위해서는 의무가 아닌 자유롭게 사랑을 주고받을 수 있어야 한다. 내가 준 만큼 사랑을 되돌려 달라고 애원한다면 상대는 부담을 갖고 심지어 외면해 버릴 수도 있다.

환상 혹은 자신만의 기대에 빠져 관계에 집착하는 것, 자신을 속여 가며 한 인간관계에 발을 들이는 것은 무의미하다. 모든 사랑은 진실할 때 최고의 빛을 발한다.

진정한 자신과 만나라. 내면을 들여다보고, 자신 속의 기쁨을 발견하라. 먼저 자신 안의 기쁨에 이르는 길을 발견하고 나서, 그다음 타인과 그 기쁨을 나눠라. 인생을 즐겨라. 다시는 오지 않을지 모를 내일의 기쁨을 찾는 데 주저하지 마라. 기회를 놓치고 얻는 건 씁쓸함뿐이다.

침묵의 소리에 대해 생각해 보자. 침묵이 두려운가? 소음이 없는 상태를 고독으로 생각하는 사람은 침묵을 두려워한다. 그렇게 되면 침묵은 곧 외로움이 된다.

인간은 침묵에 가까운 상태에서 진화해 왔다. 초원에서 불어오는 부드러운 바람 소리를 듣고, 이따금 천둥소리와 울부짖는 동물의 소리를 들으며 살아 왔다. 오늘날도 이러한 단순한 침묵 속에서 살아가는 원주민이 존재한다. 그들은 미식축구장만 한 공간을 가로질러 들리는 속삭임도 알아들을 수 있지만 그에 비해 동년배의 미국인들은 청력의 기능이 상당히 후퇴했다.

대부분의 사람들은 소음 속에서 성장하기에 청력을 잃을 정도의 볼륨도 그대로 받아들인다. 자연스레 그로 인해 스트레스를 받게 되는데 진공청소기, 비행기 등의 일상의 소음을 접할 때 혈압이 높아지는 것을 보면 알 수 있다. 또한 창문을 내린 채 차를 타고 달리는 것만으로도 몸이 반응할 만큼 스트레스 수치가 올라간다.

청각치료

어쩌면 당신은 약간의 긴장 상태에 있는지도 모른다. 다음은 다섯 가지의 청각치료법이다. 이는 소리로부터 비롯하는 스트레스를 다룸으로써 자신이 어찌할 수 없는 문제로부터의 압박을 줄이는 데 도움이 된다.

1. 침묵을 즐기는 법을 배운다. 집에 들어서자마자 텔레비전이나 라디오를 켜고 '무슨 소리라도 들어야 하는' 습관을 가진 사람들이 있다. 만약 그렇다면 최대한 볼륨을 줄이도록 하자. 특히 텔레비전 뉴스는 시청자로 하여금 두려움의 감정을 갖게 한다. 기분 좋은 소식이 아니라면 굳이 들으며 스트레스를 받을 필요가 없다.

2. 작은 소리에 귀를 기울이자. 나뭇잎을 스쳐 지나가는 작은 바람 소리, 새소리가 들리는가? 어린아이들이 뛰노는 소리가 들리는가? 그 소리들은 모두 어디로 향하고 있는가?

3. 일상에서 마주치는 소리의 볼륨을 줄일 방법을 찾아보자. 예를 들어, 이어폰이나 헤드폰을 쓰고 볼륨을 크게 올려 음악을 듣는 버릇이 있다면 청력을 위해 사용을 중지해야 한다. 또한 운전 중에는 창문을 올리고 라디오를 끄는 게 좋다.

4. 집에서 발생하는 소음을 차단하자. 문과 창문의 삐걱거리

는 소리를 막고, 두꺼운 카펫과 커튼을 사용해 주위의 소음을 차단하자.

5. 누구와 말다툼을 하든, 응원을 하든 간에 소리 지르는 것은 피하자. 가슴속 외침이 막 출발하려는 제트엔진 소리보다 더 크게 튀어나올 수도 있다. 소리 지르는 것은 목과 귀에 좋지 않을 뿐더러 심장과 다른 기관에도 스트레스를 준다.

'소리'를 듣고 싶은 마음이 생길 때는 볼륨을 작게 줄이고 음악을 듣자. 선곡을 하는 데도 주의를 기울여야 한다. 귀에 스트레스를 주지 않으면서, 편안하고 안정적인 상태로 기분을 끌어 올릴 만한 즐거운 곡을 찾자.

19일 날
자각하기

벗어나기

이별한 그 상대는 '유일한 당신의 짝'이 아니다. 어쩌면 부모나 주위 친구로부터 과거 그 상대가 세상 하나밖에 없는 당신의 짝이라는 말을 들었을 수도 있다. 또는 환상 속에서 그 사람이 당신의 짝임을 확신했을 수도 있고, 관상가에게서 두 사람이 서로의 짝임을 증명받았을 수도 있다. 그러나 그 관계 밖에 있는 외부의 사람들은 둘 사이의 친밀함에 대해 얼마나 알까?

전통주의자들은 희망에 의지를 더하면 어떤 관계든 지속할 수 있으며, 사랑은 기적을 행할 수 있다고 이야기한다. 실제로 사랑은 둘 사이의 상호작용을 변화시키고, 전혀 맞지 않는다고 생각한 것조차 받아들이도록 하기에 어느 정도 일리가 있다.

그러나 상호작용은 두 사람이 섞이면서 발생하는 것이지 단지 나란히 서 있다고 해서 이루어지는 것은 아니다. 당신에게는 물론 기적을 만들어 낼 힘이 있지만, 그러나 사랑만으로 죽은 관계를 되살릴 수 있는 힘은 없다. 되지 않는 일에 오랫동안 애쓰다 보면 자신만 상처받고 끝날 뿐이다.

이전 세대의 사람들은 전통주의자들과 마찬가지로, 사랑을 지속하는 데는 무엇보다 '한결같음'이 중요하다고 말한다. 결혼 관계를 지속하려면 둘 중 한 사람의 끊임없는 헌신과 희생이 필요하다는 것이다.

그러나 시대가 바뀌었다. 두 사람의 관계를 위해 단 한 사람만 감정적인 노동을 지속해야 한다면, 둘의 관계는 오래 지나지 않아 끝나 버리고 만다. 어떤 사람도 혼자만의 일방적인 사랑으로 서로 존중할 수 있는 관계를 이룰 수는 없다.

과거 당신의 상대는 이상적인 짝이었는가? 당신이 생각하는 이상적인 짝의 모습은 어떠한가? 과거 상대와 이상형의 사람과는 얼마만큼 일치하는가? 전혀 일치점이 없다면 이것은 어떠한 가르침을 주는가? 과거 상대에 대한 뜨거운 감정이 상당히 누그러졌음에도 아무것도 깨닫는 바가 없다면 아마 당신은 모든 관계에서 생기기 마련인 익숙한 편안함 같은 걸 그리워하는지도 모른다. 이는 과거를 미화하려는 자기 패배적인 욕망에 불과하다. 이러한 저주로부터 벗어나는 길은 진실을 받아들이는 것뿐이다.

둘 사이의 관계가 끝났다는 진실, 진정한 당신의 짝이 미래에 기다리고 있을지 모른다는 진실, '유일한 반쪽'이라 착각했던 사람을 잃은 것에 불안해하기보다 지금 당장 해야 일들이 많이 있다는 진실을 받아들이자.

19일 차. 회복 프로그램
명상하기

스트레스는 가장 나쁜 적이다. 당신을 둘러싼 세계가 불안하게 달려 나가고 있을 때 어떻게 평정을 유지할 수 있을까? 스트레스를 몰아내고 마음을 평온하게 진정하기 위한 방법으로, 세계적으로 효과를 인정받고 있는 명상 기법을 소개한다.

명상은 현대 의학에서도 인정한 하나의 치료법이다. 1975년 하버드대학교의 허버트 벤슨Herbert Benson 박사의 저서 《심신 이완 반응The Relaxation Response》이 출간된 이래로 여러 의사들은 수면 부족, 고혈압, 불안과 패닉 발작, 그 외 다른 스트레스와 관련한 고통을 치료하는 데 명상 요법을 도입했다.

기독교와 유대교를 포함한 다수의 종교에서도 명상 체계를 발전시켜 왔다. 종교적 명상법은 '신의 주파수에 정확히 맞춘 사람은 신의 목소리를 들을 수 있다'는 생각에서 비롯되었다. 이는 바쁜 일상에 익숙한 대부분의 사람에게는 힘든 일이다.

불교 신자들이 말하듯, 우리의 지각은 쉴 새 없이 떠드는 원숭이와 같다. 명상은 이렇듯 떠들어 대는 소리를 충분한 시간 동안 무시함으로써 원숭이가 싫증을 느끼고 입을 닫게 만드는 방식을 따른다. 그다음에야 우리는 정신의 주파수를 좀 더 흥미 있는 대상에 맞추게 된다.

명상 방법 : 기초편

명상을 통해 좀 더 고양된 의식 상태에 이르기 위해서는 수년간의 수행이 필요하다. 그러나 이는 우리의 목적과 부합하지 않기에 이 책에서는 명상의 최정상에 오르기보다는 중턱 어딘가에 도달할 정도의 수준에 맞추고자 한다. 30일 안에 눈에 띄게 스트레스를 감소할 수 있는 명상법을 소개한다.

하루 2번 20분간의 명상 시간이 필요하다. 방해받지 않을 수 있는 안정된 장소를 찾아. 편안한 의자에 허리를 바로 세우고 앉은 다음 눈을 감고 마음을 비운다.

처음에는 자꾸 이런저런 생각이 떠오를 것이다. 집중할 수 없다고 불안해하지 말고, 머릿속에서 생각이 떠올랐다 사라지는 것을 지켜보자. 이를 위해 주문mantra을 마음속으로 반복하거나, 한 이미지mandala를 계속 생각하자. 자신이 커다랗고 무한한 대기 아래 잠겨 있어, 자신으로부터 거품이 일듯 떠오르는 모습을 그려 보자.

명상법에 대해 좀 더 알기 원한다면 로렌스 레샨Lawrence LeShan의

《명상 나를 바꾼다 How to Meditate : A Guide to Self-Discovery》를 추천한다. 출간한 지 27년이 지났지만 여전히 스테디셀러다.

명상이 아닌 다른 방법

명상이 어렵게 느껴진다면 수면과 자기최면에 주로 사용되는 '점진적 긴장 이완법 progressive relaxation'이 대안이 될 수 있다.

적어도 하루에 1번, 스트레스에 지칠 때마다 혼자만의 장소를 찾아 10분간 시행한다. 자리에 누워, 15초 동안 왼발의 모든 근육이 완전히 이완되는 데 집중한다. 긴장이 풀리는 것을 느끼길 바란다. 그다음 같은 방식으로 15초씩 왼쪽 종아리, 허벅지 그리고 이어서 오른발, 오른쪽 종아리, 허벅지 순으로 진행한다.

하체가 끝나면 몸통으로 올라가 팔과 손에 집중하고, 마지막으로 목과 얼굴의 근육을 이완하며 마무리한다.

20일 날
주고받기

삶은 우리의 인생 앞에
어떤 일이 생기느냐에 따라 결정되는 것이 아니라
우리가 어떤 태도를 취하느냐에 따라 결정되는 것이다.
-존 호머 밀스

상대를 평가한다?

건강하지 않은 관계에서는 작은 언쟁이 쌓여 서로에게 커다란 상처를 남긴다. 상대의 말이나 행동이 아닌 사소한 뉘앙스로부터 다툼이 생기며, 별다르게 여기지 않은 작은 불씨 하나가 엄청난 파장을 불러일으킨다.

미묘한 신경전은 감지하기가 쉽지 않고, 온갖 영리한 방법으로 사람을 괴롭히며, 보통 방어 경계선 아래로 날아들기에 왜 상처가 생기는지 알지 못하고 그 결과만 지켜보게 된다. 그렇기에 잘 모르는 사람의 눈에는 당신을 괴롭히는 사람이 순수하게 보이고, 당신은 바보처럼 느껴질지도 모른다.

어떤 식으로든 자신이 희생양이 되었다는 느낌을 받고 상처입었다면 이를 누군가에게 털어놓고 고통을 덜고 싶은 행동은 너무도 자연스럽다. 그러나 한때 사랑이라 불렀던 관계에 문제가 생긴 거라면 이야기는 달라진다.

버릇이 되다시피 한 쉽게 고쳐지지 않는 상처가 되면 다른 사람에게 실패에 대한 책임을 묻는 습관에 빠지게 된다. 또는 둘의 사이를 지탱하고 있던 결속이 더욱 복잡하게 엮이게 되면서 상대의 눈치를 보며 말 한마디, 행동 하나에 신경을 곤두세우게 된다. 그러면서 두 사람을 감쌌던 토대가 서서히 붕괴된다. 힘을 북돋아 주어야 할 사람이 도리어 불안을 가져오고 침체되게 만드는 것이다.

이러한 경험은 자신이 사랑받기에 부적당한 사람이라고 믿게 만든다. 그러고 나면 어디에 가든 따라오는 비난의 구름을 느끼며, 지구 표면을 따라 기어오르는 심정이 된다. 새로운 사람을 만나고, 새 직업을 구하고, 옛 친구를 만나면서도 그 속에 완전히 속해 있다는 느낌을 받지 못하며 실제로도 겉돌게 된다. 과거의 상대로부터 모자란 존재라는 저평가를 받은 탓에 현실보다 작아진 탓이다.

당신은 더는 저평가되어서는 안 된다. 이제 당신의 삶에 속해 있지 않은 사람으로부터 받은 평가는 잊어버려라. 왜 그의 그림자가 당신을 판단하게 내버려 두는가? 왜 다른 사람이 당신을 판단하게 내버려 두는가? 정작 중요한 건 스스로 '자신을 어떻게 평가하는 가' 하는 것이다. 다른 사람이 붙인 꼬리표는 떼어 버리고 다시 새롭게 자신을 알아 가도록 하자.

과거 연인, 친구, 동료 등 누군가 당신을 저평가함으로써 스스로 자신이 '부족한 사람'이라 느꼈던 적이 있는가? 이러한 경험이 있은 뒤 당신은 자신에 대해 어떠한 부정적인 느낌을 갖게 되었는가? 그중 세 가지를 적어 보자. 왜 기분이 나빠졌는지 말할 수 있는가? 그 이유를 적어 보자. 그렇다면 반대로 무엇 때문에 자신에 대해 좋은 느낌을 갖지 못한다고 생각하는가? 그러한 부정적인 느낌을 없애기 위해 당신은 무엇이든 노력할 수 있는 의지가 있는가? 어쩌면 당신이 할 일은 관점을 바꾸는 게 전부일지 모른다. 이를테면 자신이 가장 두려워하는 것을 한번 꿈꿔 보는 것이다. 엘리너 루스벨트는 이런 말을 남겼다.

"당신을 두렵게 하는 것을 날마다 한 가지씩 하라."

두려움의 역설

"말 따로, 행동 따로."

다른 사람의 행동을 평가할 때 흔히 하는 말이다. 때로는 스스로 그렇게 하고 있음을 깨닫기도 한다. 사람은 태생적으로 모순적인 동물이다.

로고테라피(17일 차 회복 프로그램 참조)의 아버지로 불리는 빅터 프랭클은 이러한 통찰을 두 단계 앞지른다. 프랭클은 이런 말을 했다.

"소망은 생각을 낳고, 두려움은 행동을 낳는다."

역설적이게도 사람은 자신이 가장 두려워하는 일을 행동으로 옮기고, 자신의 의지에 반하는 일을 저지르곤 한다.

두려움의 종류

빅터 프랭클은 죽음과 같은 실제적 두려움은 로고테라피만으로는 치료가 어려울 수 있다고 말한다. 이 같은 경우에는 '의도의 역설paradoxical intent'이라 불리는 감정의 트릭을 사용해 놀라운 효과를 볼 수 있다. 즉 과도하게 무엇을 하려는 '의도를 가질수록 오히려 실패할 확률이 높다'는 원리를 이용하는 것이다.

예를 들어, 발기에 대해 강한 부담을 느끼는 남성 혹은 오르가슴을 느끼기 위해 애쓰는 여성은 그러한 부담감이 스스로를 압도한 나머지 자신과 상대방의 기쁨에 집중하지 못한다. 의도와 상반되는 결과가 나타나는 셈이다.

가상 연습

결코 과거의 상대에게서 빠져나오지 못하리라는 근거 없는 두려움에 빠져 있는가? 그렇다면 다음과 같은 바람이 현실에서 이루어지도록 노력해 보고, 그것이 어떤 결과를 가져오는지 살펴보라.

1. 옛 연인이 언제까지나 당신의 마음속에 머무르게 될까 두려운가? 그렇다면 하루 날을 잡아 온종일 그 사람만을 머릿속에 그리며 시간을 보내 보자. 그 사람과 함께 했을 때 좋았던 혹은 나빴던 기억이나 가장 그리운 순간을 떠올려 보자. 머릿속을 맴도는 그 어떤 생각도 좋다. 당신은 과연 그 사람만 생각하며 하루를 보낼 수 있을까? 아마도 채 몇 분이 지나지 않아 다른 흥밋거리에 관심이 쏠릴 것이다.

2. 앞으로 얼마 동안 상실의 아픔과 외로움을 겪어야 하는지 걱정하는가? 그렇다면 한번 마음 놓고 실컷 울 수 있는 시간을 정해 보자. 1시간이든 온종일이든 상관없다. 얼마나 오래 시간이 지나서야 저절로 울음이 그치는지 살펴보라(2일 차 회복 프로그램 참조).

3. 과거 연인과 사랑의 상실에 대한 이야기를 지나치게 말하고 있지는 않은가? 주위 사람들이 당신의 이야기에 염증을 느끼고 있지는 않은가? 한번 그러한 자신의 이야기를 녹음해서 들어 보라. 과거 연인에 대해, 둘의 사랑의 역사에 대해, 현재의 슬픔과 고통에 대한 것들을 녹음기에 대고 낱낱이 이야기하는 것이다. 얼마나 오랜 시간이 지난 뒤에야 그런 무의미한 행동을 할 만한 여력이 없음을 발견하게 될까?

이렇듯 의미 있는 통찰을 얻을 때까지 자신을 극한의 상황으로 몰아가다 보면 결국 이를 통해 유머 감각을 되찾게 된다. 비이성적인 두려움이 얼마나 어리석은지 깨닫는 것이다.

21일 날
내려놓기

무장해제하기

사랑에 상처받은 수많은 사람이 다시 사랑하기를 두려워한다. 그들은 가장 최근의 사랑에서 헤어 나올 수 있기를 바랄 뿐이다. 다른 사람들은 그들을 보며 조만간 잊어버리겠거니 혹은 단지 잘못된 사랑 혹은 선택이었을 뿐이라고 말하지만 당사자는 이별로 인해 큰 상처를 입고, 모든 걸 단념한 채 한자리에 주저앉기도 한다. 반면 어떤 이들은 누군가의 연인이라는 자리에서 벗어나 다시금 자기 자신으로 되돌아온 것에 대해 진정 안도감을 느끼기도 한다.

"사랑은 내 안에 들어와 맞서 싸우고 정복한다. 그리하여 나는 사랑의 존재 안에서 숨 쉰다. 비로소 나는 삶의 의미를 깨닫게 된다."

《돈 키호테》의 작가 세르반테스의 명언이다. 당신은 사랑을 나눌 때야말로 삶이 가장 의미 있다고 생각하는가? 그러나 만일 또다시 사랑을 하고 관계가 삐걱거리기 시작하다가 마침내 상대에게 거부를 당하게 된다면 어떨까? 지금 당장은 끔찍한 미래처럼 보일 것이다. 누구든 두려움 마음을 갖고 싶어 하지 않는다.

그런데 사람들은 종종 자신을 보호하기 위해 '두려움'이라는 보호막을 친다. 위험을 감수할 필요가 없게끔 보호막으로 자신을 감싸는 것이다. 두려워하며 피함으로써 어느 정도 안전감을 느낄 수는 있지만 결국 그것은 앞길을 방해하는 요소로 작용한다.

또한 두려움은 권태, 고독, 불행과 같은 부작용을 유발하기도 한다. 홀로 있는 자체가 나쁜 것은 아니지만 그것이 외로움으로 이어지면 문제가 발생할 수 있다. 사람은 타인뿐 아니라 자신에 대한 사랑이 충분할 때 스스로 만족스러운 삶을 영위한다. 그러나 사랑 없이 고독과 싸우게 된다면 그것은 커다란 고통으로 다가올 수 있다.

외로움에 젖어 들어, 새로운 사랑을 찾아나서는 것만이 최선 혹은 유일한 선택이라고 판단하고 새로운 사람을 만나다 보면 순간 두려움이 머릿속을 스친다.

'잠깐, 또다시 잘못된 선택으로 인해 상처받으면 어떡하지?'

몇몇 카운슬러는 두려움을 극복하는 데 상당한 시간이 소요된다고 말한다. 실제로 당신에게는 얼마나 많은 시간이 필요할까? 두려움을 극복하는 것은 생각만큼 그리 어렵지는 않다. 두려움을 극복하는 일은 막상 실행에 옮기면 단기간 내에도 가능할 수 있다.

　오늘은 '소극적인 마음가짐에서 벗어나는 날'이다. 두려움을 버리고 그 자리에 희망을 채우자. 뻔한 말처럼 들리더라도 오늘 하루 동안은, 그동안 형체 없는 두려움을 이유로 내일의 희망을 접지 않았는지 다양한 각도에서 생각해 보자. 단지 두렵다는 이유로 어리석고 제한된 선택을 하지는 않았는지, 어떤 결정도 내리지 못하고 얼버무리지는 않았는지, 한순간에 소중한 기회를 놓치지는 않았는지 살펴보자.

후각은 감정에 접근하기에 유리한 위치에 있는 감각이다. 어떤 향을 맡으면 후각을 통해 대뇌변연계에 작용하는데, 대뇌변연계는 감정을 다루는 기관으로 포유동물에게 가장 발달되어 있어 '포유동물 뇌'라고도 불린다. 따라서 어떠한 자극을 주는 향을 맡으면 대뇌변연계가 작용해 기분 전환이 이루어진다. 이는 향기가 감정적으로 자극적인 기억을 불러올 수 있음을 뜻하기도 하지만 반대로 슬픔을 느끼는 감정을 긍정적으로 바꿀 수 있음을 의미하기도 한다.

향기를 이용해 기운을 북돋는 가장 대표적인 방법은 '아로마테라피'로, 뉴에이지 치료 요법으로 각광받고 있다. 어느 정도 우울증에 효과가 있으며, 환자의 증세에 따라 에센셜 오일essential oil이라 불리는 특별한 향을 가진 식물성 오일이 추천된다. 에센셜 오일은 식물의 잎, 줄기, 열매, 꽃, 뿌리 따위에서 채취한 향기로운 휘발성의 기름으로서 향료의 원료로 쓰인다.

에센셜 오일은 향초, 디퓨저 등 다양한 도구를 이용해 향기를 맡을 수 있으며, 직접 피부에 마사지를 하는 데 사용되기도 한다. 또는 원하는 향을 가진 식물의 잎을 베개나 호주머니, 지갑 등에 넣고 다니면서 향을 맡을 수도 있다.

아로마테라피

아로마테라피스트가 추천하는, 우울증에 도움이 될 만한 에센셜 오일을 소개한다. 종류에 따라 어떤 것은 기운을 북돋고, 어떤 것은 안정을 가져다주니 자신에게 필요한 것을 선택하면 된다. 안전한 사용을 위해서는 몇 주 이상 연속으로 한 종류의 오일을 다량 사용하는 것은 피해야 한다. 일부 허브는 식용으로도 쓰이는데, 이와 관련해서는 8일 차 음식 관련 회복 프로그램을 참고하라.

베르가모트bergamot는 얼 그레이Earl Grey에도 쓰이는데, 기운을 북돋고 원기를 유지하는 역할을 한다. 또한 신경을 조율하고, 불안 장애에 주로 사용된다. 다양한 피부 상태를 치료하는 데도 쓰인다고 하는데 단 태양에 피부를 노출할 경우에는 사용을 금해야 한다. 화상이나 영구적인 자국이 남을 수도 있기 때문이다. 베르가모트는 감귤류나 허브 오일과 잘 섞여 향수의 재료로 흔히 쓰이고, 또한 발향 램프를 사용할 경우 급속도로 향이 분산되는 특징이 있다.

샐비어clary sage는 월경 전 증후군을 줄이는 데 효과를 낸다고 알려져 있다. 그러나 임신 중에는 사용을 금한다. 마음에 극심한 동요가 일어날 때 샐비어 오일을 가까이 두고 향을 맡거나, 발향 램프를 이용하거나, 목욕물에 몇 방울 떨어뜨려 사용하면 진정 작용에 도움이 된다.

재스민jasmine은 주로 동남아시아에서 생산되며, 마음을 안정시키는 효과를 지닌 것으로 정평이 나 있다. 순수한 재스민 오일은 구하기 까다롭고 값이 비싸지만 충분한 가치를 지닌다. 재스민은 긍정적인 생각을 부추기고 화를 진정시키는 역할을 하는데 어떤 이들은 영감을 가져다주기도 한다고 말한다. 전문가들은 재스민을 파출리patchouli나 베르가모트 오일과 섞어 사용하면 기분이 향상된다고 권하고 있다.

항우울 작용을 하는 에센셜 오일에는 레몬lemon, 라임lime, 탄제린tangerine, 만다린mandarin, 딜dill, 페퍼민트peppermint, 스피아민트spearmint, 장미유attar of rose, 샐비어, 정향유clove, 일랑일랑ylang-ylang 등이 있다.

수면을 유도하는 데는 라벤더lavender, 홉hops, 레몬버베나lemon verbena, 로즈메리rosemary, 페퍼민트 등의 잎을 베개에 넣으면 도움이 된다.

구입 및 사용 방법

요즘은 인터넷이나 각종 매장에서 쉽게 에센셜 오일을 구할 수 있다. 매장에 방문해 에센셜 오일을 사게 된다면, 아로마테라피스트에게 도움을 구하는 것도 좋지만 여러 향기를 맡으며 끌리는 향을 선택하는 것이 무엇보다 중요하다. 또한 여러 종류의 에센셜 오일을 조합해 자신에게 특별한 기쁨을 안겨 줄 독특한 향을 만들어 보는 것도 좋은 방법이다.

에센셜 오일은 향기를 통해 기분 전환을 하는 데 사용하는 것 외에도 악취를 막는 데 활용할 수 있다. 또한 단지 향을 맡으며 기분을 향상시키는 것뿐 아니라 그 자체로 즐거운 기억을 만듦으로써 크게 효율을 향상시킬 수 있다. 향이 머물렀던 자리의 좋은 기억은 앞으로의 기분에 중요한 역할을 한다.

책임지기

내 안의 상처받은 아이를 치유하는 그날,
우리는 자유를 되찾을 뿐 아니라 우리에게 상처와 아픔을 준 사람들이
자유를 되찾도록 도울 수 있다.
-틱낫한, 《화해》 중에서

상처받은 어린 시절...

너무나 많은 사람이 사랑하는 사람과의 이별에서 오는 정신적 외상이나 고통에 수동적으로 대응한다. 고통을 없애는 방법은 없으며 단지 참아야 한다고 생각하는 것이다. 그들은 '어떻게 고통에서 벗어날 수 있을지' 궁리하는 것이 아니라 '어쩌다 자신이 그러한 고통을 얻게 되었는지' 고민한다.

오늘은 '상처받은 내면아이의 날'이다. '내면아이Inner child'란 존 브래드 쇼John Bradshaw가 만든 개념으로 《상처받은 내면아이 치유Homecoming: Reclaiming and Championing Your Inner Child》에서 소개하고 있

다. 어린 시절의 경험으로 상처를 받은 채 더 이상 자라지 않고 내면에 살고 있는 상처받은 내면아이는 무의식중에 머물면서 성인아이의 상태를 만든다. 즉 성인이 된 뒤에도 무의식의 내면아이로부터 영향을 받아 성인이자 아이인 상태가 되는 것이다.

'어쩌다 자신이 고통을 얻게 되었는지' 알기 위해 내면아이를 살펴볼 필요가 있다. 사람은 누구나 19살이든 90살이든 마음속에 내면아이가 존재한다고 한다.

대개 트라우마를 겪게 되면 자신 안에 있는 부모의 목소리를 듣게 되는데, 어떤 이는 현재 자신이 처한 고통스러운 상황의 원인을 과거 불운했던 유년기로부터 찾아내 부모를 원망하기도 하며, 또 어떤 이는 부모가 물려준 지혜로부터 답을 찾기도 한다.

어린 시절 겪은 트라우마는 상당한 시간 동안 고통을 야기하고, 오랜 치료를 요하기도 한다. 간혹 어떤 이는 내면아이의 응석을 받아 주며 너무나 긴 시간 상처를 끌어안고 사느라 정작 자신의 삶의 행복을 찾을 수 있는 기회를 놓치고 만다.

어린아이와 같은 개방적이고 즉흥적인 행동은 어떤 경우에 있어서는 희망과 긍정을 끌어내는 데 도움이 되지만, 반면 어린 시절의 아픈 기억을 끄집어내 현재 자신의 상처를 다른 사람의 책임으로 몰아세우는 행동은 그리 좋은 방법이 아니다.

어린 시절 경험한 트라우마가 아직 아물지 않았다고 믿는다면 그 믿음으로 인해 더 많은 상처를 만들어 내게 된다. 이러한 상태로는 다른 누군가를 만나 친밀한 관계로 발전하는 일은 거의 불가능하다. 그 관계는 두 사람이 아닌 세 사람의 구도로, 즉 자신과 상대 그리고 내면아이로 엮이게 되고 결국 셋 다 불행해진다.

고통을 벗어나기 위한 최선의 방법은 자신이 겪은 트라우마를 분명히 인식하고, 그것을 떠나보내는 것이다. 예를 들어, 어릴 적 부모로부터 버림을 받아 그로 인해 심각한 고통을 겪은 사람이 있다. 이 사람은 연인과의 이별을 겪을 때마다 비정상적인 분노를 느끼고 심한 두통에 시달린다.

또, 10살 때부터 부모와 멀리 떨어져 홀로 기숙사 생활을 한 사람이 있다. 이 사람은 연인과 이별을 할 때마다 과거 부모와 어쩔 수 없이 생이별을 해야 했던 때를 떠올린다.

앞서 소개한 두 가지 예는 과거 트라우마가 현재에까지 영향을 미치는 경우다. 이렇듯 만약 현재의 고통이 과거와 연결되어 있다면 이러한 고통의 뿌리를 찾아야 한다. 이것을 찾는 것만으로 때로는 관계의 응어리가 풀리고, 다음번의 인간관계에서는 좀 더 뜻깊은 만남을 이어 나갈 수 있게 된다.

상처받은 내면아이가 어떻게 만들어지게 되었는지 그 답을 찾았다면, 그다음은 삶의 주체를 당신 자신으로 바꿔야 한다.

당신 안에 존재하는 내면아이는 어떠한 감정을 가지고 있는가? 내면아이가 가진 어떤 감정에 붙잡혀 당신을 앞으로 나아가지 못하게 하는가? 살면서 상처받았던 순간들을 모두 떠올려 보라. 그동안 당신에게는 어떠한 일이 있어났었는가? 그 일에 대해 당신에게 고통을 주었던 사람들을 이해할 수 있는 마음의 준비가 되었는가? 과거의 고통스러웠던 기억으로 인해 새로운 인간관계를 맺는 데 어려움을 느끼는가?

언제까지 미성숙한 내면아이가 중요한 문제를 결정하도록 내버려 둘 수는 없다. 당신은 이제 성인으로서 스스로 결정을 내려야 한다. 이번 장의 회복 프로그램은 성인으로서 일어설 수 있는 방법이다.

22일 차. 회복 프로그램
감정의 새로운 해석

우울한 감정이 다른 모든 감정을 물들일 때, 그 어두움을 새롭게 해석할 수도 있다. 우리는 이성적인 자기분석이 가능하도록 도울 것이다.

이성의 힘으로 자신을 평가해야 한다고 하지만 어떤 면에서는 그러한 일이 고통스럽게 느껴질 수 있다. 이와 같은 경우에는 마음의 준비가 될 때까지 대답하기 어려운 질문은 보류해 두는 것이 좋다.

감정을 새롭게 해석하는 목적은 고통의 원인을 발견해 자신이 감정적으로 약한 부분과, 진심으로 원하는 게 무엇인지 이해하는 데 있다. 자신의 감정 상태를 알기 위해서는 스스로에게 진실해야 한다. 만약 그동안 지나치게 자신을 다그쳤거나 혼자만의 세계에 몰두해 왔다면 잠시 이런 행동을 멈추고, 가능한 한 객관적으로 자신에 대해 답해 보자.

감정의 중심

사랑이 깨지고, 당신의 감정은 큰 충격을 입었다. 아직 그 상실이 아물지 않은 상처로 생생히 남아 있을 것이다.

옛 상처가 남긴 자국들을 돌아보자. 그 과정에서 뭔가 깨닫는 것이 있다면 기록을 남겨 두자. 어떤 깨달음은 잊고 싶은 아픈 기억 속에서 나오기도 한다.

잊고자 하는 간절함이 때로는 상처를 불러오기도 한다. 또다시 비슷한 상황에 처하게 되었을 때 지나치게 민감한 반응을 하거나 패닉 상태에 이를 수 있는 것이다.

불편한 질문들

한 사람의 연인으로서 당신을 평가한다면 어떠한가? 성적인 매력을 떠나, 사랑을 대하는 자세에 대해 묻는 것이다.

당신은 진정으로 자신이 아닌 다른 사람을 열렬히 사랑할 수 있는가? 상대에게 부담을 주지 않으면서 자신의 사랑을 매력적으로 표현할 수 있는가? 당신은 부드러운 느낌을 표현하는 데 두려움이 있는가? 당신은 상대에게 자신의 있는 그대로의 모습을 온전히 보여 줄 수 있는가? 실제 자신의 모습보다 상대에게 비치는 모습이 덜 사랑스럽다고 느끼는가? 당신은 이성에 대한 편견을 갖고 있는가? 그로 인해 그 사람 자체의 사랑스러운 모습을 볼 수 있는 능력이 부족한가? 이를테면 이성의 상대가 당신보다 우위에 있다고 생각하거나 위험한 사람이라 느껴 그런 불안한 사랑은 할 수 없다고 생각하는가?

과거의 기억

친밀한 사람이 불행을 겪는 모습을 자주 목격해 왔는가? 당신은 사랑에 있어 '운이 없다'고 느끼는가?

만일 그렇다면 한번 되돌아보자. 당신은 자신의 어떤 점이 '운이 없는' 상황을 만든다고 생각하는가? 어린 시절 부모 혹은 다른 친한 사람들이 관계 맺기에 실패하는 것을 본 일이 있는가? 이를테면 가족 중에 이혼한 사람이 있는가? 그러한 과거의 기억이 당신의 불안 속에 잠재되어 있는가?

친밀함과 관련한 어린 시절의 기억은 무엇인가? 혹은 친밀함을 얻는 데 실패한 경험이 있는가? 사소한 문제가 있었을 뿐이라며 그냥 지나치지 말고 신중히 생각해 보라. 만일 다른 사람에게 친밀함을 얻기 위해 시도했다가 거부당한 일이 있다면 그러한 기억은 당신이 새로운 인간관계를 맺는 데 어떠한 영향을 미쳤는가? 왜 친밀함을 얻는 데 실패했다고 생각하는가?

어린 시절 겪은 실패한 관계에 대한 기억과 성인이 되어 경험한 실패한 사랑 사이에 어떠한 평행선을 발견할 수 있는가? 당신은 어린 시절에 부모 혹은 친구로부터 '버려질지 모르는', '무가치한', '열등한' 등과 같은 두려움을 느껴 본 적이 있는가? 혹은 섹스, 알코올, 약물중독이나 돈, 욕설, 흥미 상실과 같은 것들이 실패의 원인인가? 이를테면 어린 시절 알코올중독이었던 부모로 인해 상처를 받아 성인이 된 뒤에도 술 마시는 사람을 극도로 싫어한다든가 또는 자기 자신이 알코올중독에 빠지는 경우다.

당신은 얼마나 많은 사람들에게 결코 용서할 수 없는 상처를 받았는가? 지금은 그들 중 몇 명을 용서할 수 있는가? 그들의 잘못된 점이 분명 당신에게도 존재하는 어떠한 성격적 결함에서 비롯한 것일지도 모른다면 어떠한 생각이 드는가?

마음 들여다보기

가장 최근의 관계는 어떤 이유로 끝이 났는가? 복잡하게 문제를 생각하기보다 당신이 어떤 행동을 했거나 혹은 하지 않아서 관계에 실패했는지 한 문장으로 표현해 보자. 그러고 나서, 이번에는 상대의 입장에 서서 한 문장으로 답해 보자.

이별하기 전으로 시간을 되돌린다면 무엇을 바꿀 수 있다고 생각하는가? 그랬더라면 더 나은 결과를 얻을 수 있으리라 생각하는가? 그때 당신이 행동했던 혹은 하지 않았던 그 일이 다시는 반복해선 안 되는 실수라고 생각하는가? 그렇다면 실수를 반복하지 않기 위해 당신이 취해야 할 행동은 무엇인가?

미래에 대한 대비

결과가 어떻든 간에 지나간 일은 과거일 뿐이다. 당신이 미래에 꿈꾸는 이상적인 인간관계란 어떤 것인가? 어떻게 그러한 관계를 만들어 나갈 수 있을까? 남은 평생을 함께 할 사람을 만나기 위해 당신이 해야 할 일은 무엇일까?

23일 날
길 찾기

우리가 다시 만날 그날까지 행복한 여정이 되기를.
어떤 길은 기쁘고 또 어떤 길은 우울하니 그것이
의미 있는 길을 가는 법이지. 이제 기쁜 길을 떠나길.
-데일 에반스

길은 언제나 있다

인생에서 가장 고통스러운 시간을 지나는 동안에도 언제나 당신 가까이에는 행복으로 가는 길이 존재한다. 어떤 길에선 주저하게 될지도 모르지만 결국 당신은 그 길을 나아가야 한다.

길을 가다 보면 어느 순간, 자신이 지금 어디쯤 와 있는지 알게 된다. 마치 한순간의 깨달음처럼 다가올 것이다. 그때 당신에게는 번개가 번뜩이듯 순간적인 변화가 일어날 것이다.

자신에게 있어 새롭고 중요한 것을 알게 되는 하루하루는 무척 의미 있는 날이다. 깨달음은 자신의 감정을 통제할 수 있는 하나의 도구가 되고, 그 도구를 사용함으로써 다시는 겪지 않아도 될 고통 하나를 덜 수 있게 된다. 이렇게 과거의 문제를 헤쳐 가며, 이별 부스럼 딱지를 조금씩 떼어 가며 점차 어려운 작업은 끝이 난다.

오늘은 이상적인 배우자상을 그려 보도록 하자. 그 이상형의 사람은 당신과 어울릴 만한 성격과 느낌을 갖추고 있는가? 과거 상대와는 어떤 점이 다른가? 혹 과거 상대와 조금이라도 겹치는 부분은 전부 제외했는가?

자, 마음의 준비가 되었다면 다음의 질문에 답하며 구체적으로 미래의 상대에 대해 떠올려 보자.

- 그 사람은 어떤 점에서 신뢰할 수 있는가?
- 그 사람은 계속해서 성장하고 배우려는 사람인가?
- 지금부터 10년 후에도 그 사람과 함께 하는 자신의 모습을 상상할 수 있는가?
- 당신은 그 사람과 어떤 비밀을 공유할 수 있는가?
- 그 사람은 당신에게 긍지를 가지고 있는가?
- 어려운 시기가 닥쳤을 때 그 사람은 끝까지 자신의 자리를 지킬 것 같은가?
- 그 사람은 다른 이에게 얼마나 비판적인 판단을 내리는가?
- 그 사람과 단둘이 시간을 보낸다면 어떤 기분인가?
- 당신을 행복하게 하고, 편안하게 하고, 만족시키기 위해 그 사람은 무

엇을 할 수 있는가?

어느 노랫말처럼, 타이밍이 맞으면 사랑은 언제 어디서든 느낄 수 있다. 그러나 오늘날 너무나 많은 사람들은 내적으로 깊이 지쳐 있고 굳어 있다. 삶이 주는 기쁨은커녕 사랑 그 자체로부터 멀어질 수밖에 없는 상황이다. 그렇다면 다음과 같은 중대한 물음이 생긴다.

"당신의 삶의 목적은 무엇인가? 사랑하고 사랑받는 것은 결코 아니라고 생각하는가? 깊이 상처입고, 분노와 불신이 가득 찬 나머지 훗날 인생의 황금기라 불릴 수 있는 날들을 안타깝게 흘려 보내고 있는 것은 아닌가? 당신은 사랑할 수 있는 자신의 능력을 억누르기 원하는가?"

어려운 질문이지만 신중히 답할 필요가 있다. 어떤 종류의 사랑이라도 그것은 인간 존재에 필요한 영혼의 양식이고, 당신은 그것을 마땅히 누려야 한다. 사랑을 완전히 자신의 것으로 소화할 수 있는 사람은 삶에 있어서도 활력을 되찾는다.

사랑은 치워 버려야 하는 더러운 접시가 가득 찬 싱크대도, 이미 삼켜 버린 쓰디쓴 알약도 아니다. 마음의 준비가 되었다면 오늘이야말로 당신이 진정한 깨달음을 얻는 날이 되었으면 한다.

배움이란 한 번도 가 보지 않은 길을 가는 것이다. 그 길에서 얻은 깨달음은 마음을 새롭게 한다. 가끔 상심한다 해도 크게 문제될 것 없다. 삶을 새롭게 시작하려는 의지가 분명하다면 지금 이 순간 해야 할 일은, 자신의 경험을 중요하게 생각하고 앞으로 더욱 단단해지는 것이다. 어떤 종류의 사랑이든 당신은 현재 '과정'을 지나며 행복을 찾아가는 길이다.

안전장치 만들기

유대 관계를 과녁으로 나타낸다고 가정해 보자. 과녁 정중앙 검은 점은 자기 자신이다. 그 점을 둘러싼 첫 번째 원에는 가장 사랑하는 사람이 위치한다. 두 번째 원에는 친구나 가족과 같이 가까운 관계에 있는 사람이 자리한다. 세 번째 원에는 만난 지 얼마 되지 않은 사람이나 가깝지는 않지만 연락하고 지내는 이들이 있다.

이별을 겪으면 첫 번째 원에 혼란이 온다. 가장 가까이 있던 사람을 떠나보내고, 자연스럽게 그다음 원에 있는 사람들에게서 안정을 구하고자 한다. 친구와 가족들에게 자신의 가장 깊은 감정을 봇물 터지듯 쏟아 내는 것이다.

자신을 보호하기

이별 후 당신이 예상치 못한 불행한 일이 일어날 확률은, 당신의 이별이 주변인들에게 어떠한 영향을 미쳤는지에 따라 달라진다. 만일 과거 상대와 만난 기간이 그리 오래되지 않았고 당신의 주변인들이 그 사람을 잘 알지 못한다면 별 상관이 없지만, 반대로 만난 기간이 오래되었고 당신의 주변인들과도 깊이 연결되어 있다면 문제가 발생할 수 있다. 이를테면 그 주변인들이 당신과 과거 상대 중 어느 한 사람의 편에 서야 할 때 그들은 당신의 맞은편에 자리할 수도 있다.

어찌 보면 강박관념으로 보일 수도 있지만, 만에 하나 두 사람이 관계를 끝내는 데 법정 공방까지 이어질 경우 주변인의 증언이 중요한 역할을 한다. 그들의 말 한마디로 인해 궁지에 몰리게 될 수도 있고, 적대시를 당할 수도 있다.

이런 일이 불가능하다고 생각하는가? 이러한 문제에 대해 이혼 전문 변호사들은 '이혼소송 시 주변인들에게 실망할' 확률이 50퍼센트에 달할 정도로 높다고 말한다. 또한 실제로 이혼소송을 통해 관계를 끝맺은 많은 이들이 그 지난한 과정이 마치 난타전을 연상할 만큼의 상황에서 끝이 났다고 이야기한다.

처방전

때로는 전혀 알지 못하는 사람에게 자기 자신을 진솔히 드러내는 것이 편할 때가 있다. 다시는 마주할 일 없는 사람에게 비난의 말을 들은들 무엇을 잃을 것인가. 반대로 호감의 말을 들으면 어떠할까?

관계 정리 시 자신을 위한 안전장치를 마련하기 위한 다섯 가지 방법을 소개한다.

첫째, 주위 사람들에게 이별의 이유를 말함으로써 괜스레 불필요한 위험에 빠질 이유가 없다. 당신을 비판하지 않으며, 슬픈 감정을 들어 줄 수 있는 상대라면 처음 만난 이에게 이야기를 털어놓는 편이 낫다.

둘째, 이혼 뒤의 자세한 내막에 대해 어린 자녀와 의논해서는 안 된다. 아이를 혼란스럽게 할 뿐이고, 아이는 사랑하는 부모 중 어느 한쪽을 선택하도록 강요받는다는 느낌을 가질 것이다. 또한 이혼소송 중 불거지는 여러 문제에 자녀를 끌어들여서는 안 된다. 법적인 중재, 조정, 처리와 관련한 문제는 철저히 어른들의 사안이다.

셋째, 이혼소송이 진행 중일 때는 담당 변호사에게 말할 내용을 기록해 두는 것이 좋다. 변호사와의 상담 내용은 마음을 불편하게 하는 기억들이기에 잊어버리고 싶겠지만 차후에 필요하게 될 수도 있다.

넷째, 자녀 양육권이나 재산권 논쟁이 있을 경우 이혼 전문 변호사는 이혼 당사자가 각각 선임토록 한다. 이혼 당사자 양쪽의 서류가 한 명의 변호사에 의해 작성되면 만약의 경우 둘 중 한 명이 의사를 바꾸게 되었을 때 그전에 작성한 합의서는 무효가 될 수도 있다. 그럴 경우 모든 이혼 절차를 처음부터 다시 조율해야 하는 상황으로 치닫게 된다. 불필요한 일이 발생하지 않도록 애초에 주의를 기울일 필요가 있다.

다섯째, 이혼 조정이 끝나고 상황이 정리되면 그동안 곁에 있어 준 친구와 가족을 위해 조촐한 모임을 마련해 보자. 마음을 써 준 사람들에게 고마움을 표하고, 다시 삶을 시작하겠다는 다짐의 시간을 갖는 것이다. 이제 정말 마무리 지어야 할 시간이다.

24일 날
비전 만들기

방황한다고 해서 그 사람들이 모두 길을 잃은 것은 아니다.
-존 로날드 레어폴드 토르킨

행복은 되는 대로?

알프레드 로드 테니슨Alfred Lord Tennyson은 이런 말을 했다.

"사랑을 하고 사랑에 실패한 경험은, 전혀 사랑을 경험하지 않은 것보다 낫다."

테니슨은 슬픈 사랑일지라도 그로부터 적당한 거리를 유지하면 한 편의 재미있는 희극이나 멋진 비극으로 기억될 수 있다고 생각한 것일까.

고통은 어리석은 행동에 대한 벌이 아니다. 치유되어야 할 상처다. 어쩌면 상처가 아물면서 자국이 남을 수도 있지만 그것 역시 당신이 생생히 살아 있고, 위험을 마다하지 않고 사랑을 했었다는 중요한 상징이다.

"그런데 왜 하필 그게 나여야 하지?"

이런 의문을 품는 사람도 있을 것이다. 아직도 헤어 나오지 못할 정도로 침체된 상태라면, 대부분의 친구나 친척은 당신의 아픔을 더는 공감하지 못할 것이다.

남자와 여자가 만나 사랑에 빠지고, 서로에게 구애를 하고, 결혼에 이르는 것은 어찌 보면 무척 단순한 일일지도 모른다. 옛날 사람들은 사랑에 대한, 행복을 찾기 위한 선택권이 그리 많지 않았기에 오히려 선택하기가 쉬웠다.

평생 혼자 살겠다고 말하는 사람은 종종 주위로부터 비웃음을 사며 노처녀, 노총각 등으로 불렸고, 삶의 방식은 좋은 사람을 만나 가정을 이루고 사는 것으로 귀결되었으며 그에 순응하지 않으면 배척당하기 일쑤였다.

그렇지만 이제는 시대가 바뀌었다. 다양한 라이프스타일을 자유롭게 선택할 수 있다. 점차 평균 기대수명이 늘어나며 오래도록 살면서 삶의 풍요를 누릴 수 있는 기회가 많아졌다.

사람들은 제각기 여러 형태의 삶의 방식과 사랑의 방식을 추구하지만 과연 어느 누가 사랑에 대한 열망, 상대에게 인정받고자 하

는 갈망, 지속적인 사랑의 기쁨을 얻고자 하는 욕심에서 자유로울
수 있을까?

이러한 욕망을 충족하기 위해 사람들은 육체적인 친밀함에 빠져
들기도 한다. 소돔과 고모라의 이야기에서도 그 오래된 기원을 찾
을 수 있듯 쾌락주의는 인류의 역사와 함께 해 왔다. 또한 그에 대
한 피할 수 없는 결과 역시 새롭지 않다.

쉽게 이루어진 친밀감은 사람을 제어할 수 없는 방향으로 이끄는
듯하다. 행복을 추구하는 방식이 그 어느 때보다 빠르게 변화하고
있지만 속도제한이 없기에 사고를 당할 위험도 높아진다. 그렇기
에 사랑에 빠지기 전에 현명한 선택을 하는 것이 중요하다.

오랜 과거에는 잘못된 선택의 결과를 애석함 정도로 받아들일 수
있었지만 오늘날에는 한순간의 오판으로 인해 삶이 끝없는 내리막
길로 치닫기도 한다.

만일 앞으로 남은 생을 혼자 보내겠노라고 결정을 내렸다면 그
바탕에는 건전하고 긍정적인 타당한 이유가 자리하고 있어야 한
다. 진정 싱글로서의 삶이 행복한 것이라면 문제되지 않지만 반대
로 자신에게 사랑에 실패한 죄를 덮어씌워 스스로를 고독한 틀 속
에 가둬 두고자 한다면 그건 잘못된 선택이다. 몸 건강히 오래 산
다 한들 사는 내내 두려움과 가슴 쓰라림을 겪는다면 그 삶에 어떤

의미가 있을 것인가.

몇몇 사람은 상처받지 않기 위해 누구도 사랑하지 않지만 단지 외로움을 채우기 위해 여러 사람과 의미 없이 만난다. 상처는 누적되기 마련인데, 가장 큰 상처를 주는 것이 바로 의미 없는 만남이다. 운이 좋다면 그러한 경험을 통해 어려운 상황에서 보다 나은 결정을 내릴 수 있는 능력을 배울 수도 있다. 상대와 원활히 대화를 이어 나가고, 깊이 생각하고, 좀 더 차분하게 행동할 필요를 배우는 것이다. 그러나 대부분은 자신의 고독을 메우는 데만 급급하며 홀로 분투하면서 해결의 실마리를 찾는 데 상당한 어려움을 겪는다.

단지 사랑을 상실한 데 괴로워하기보다 그로부터 얻을 수 있는 것을 생각하자. 지금의 경험을 기억하고 또다시 누군가와 새로운 관계를 맺게 될 때 그때는 최선의 선택을 할 수 있도록 아니다 싶으면 확실히 노라고 말할 수 있는 위트와 확신을 배우는 것이다. 그러면 다음과 같은 질문이 제기된다.

"노라고 말해야 할 때를 어떻게 알 수 있지?"

아픔으로부터 뭔가를 배우는 일은 전신운동 트레이닝과 비슷하다. 처음에는 통증을 겪고 때론 낙담하지만 점차 자신만의 노하우가 생긴다. 그럼으로써 상실로 인한 극심한 외로움의 시간이 단축되고 이전보다 고통을 감내할 수 있게 된다.

무의식 이해하기

비탄에 빠진 사람은 자신의 감정 기복을 잘 예측하지 못한다. 이를 통해 의식과 무의식의 리듬과 방식은 따로 있음을 알 수 있다. 이번 회복 프로그램에서는 무의식을 다루는 방법을 소개하고자 한다.

달콤한 상상

'소망의 기술'은 원하는 결과를 시각화함으로써 마음속 깊은 곳을 자극해 소망을 이루는 방법이다. 성공한 운동선수의 상당수가 주요 경기에 대비해 이러한 '창조적 시각화' 훈련을 한다. 일종의 멘탈 준비운동으로, 자신이 하고 싶은 행동을 가능한 자세하게 머릿속으로 그리는 것이다. 머릿속 이미지가 자동 재생될 때까지 계속 반복한다.

이미지 훈련을 하기에 좋은 시간은 아침에 일어나자마자, 밤에 잠들기 직전이다. 이때 뇌는 각성 전의 상태라 무의식이 새로운 것을 받아들일 준비가 되어 있다.

그렇다면 이별의 상실에 빠진 사람은 대체 무엇을 소망해야 하는 것일까. 이를테면 슬픔에서 벗어나 여유를 되찾은 모습을 상상하는 건 어떨까? 확신에 차고, 마음의 부담을 떨친 모습, 새로운 상대를 만나도 될 정도로 여유로운 모습을 상상해 보자.

소망 말하기

현실 인식 프로그램Reality-Programming은 마음의 하층 부위에서 작동하는 것을 다른 각도에서 이용하는 방법이다. 이는 사람의 무의식은 보고 들은 것을 그대로 믿을 만큼 단순하다는 사실에 기초한다. 그리고 무의식이 받아들인 사실과 현실이 다를 경우, 자신의 모든 역량을 발휘해 현실을 그에 맞게끔 조정한다.

다음과 같이 연습해 보자.

1. 마음속을 들여다보고 자신이 원하는 바를 한 문장으로 표현하자. 마치 실현된 것처럼, 이를테면 "그 사람이 내 머릿속에서 사라졌다. 기분이 좋다."와 같이 현재 시제로 말한다.

2. 1번에서 만들어 낸 문장을 큰 소리로 말해 보자. 그러면 무의식은 당신이 말하는 것을 듣고 그대로 믿게 될 것이다. 매일 아침 3번씩 반복하거나 자기 전에 읊조린다.

3. 일하는 휴식 중간중간 긴장을 풀고, 1번에서 만든 문장을 종이 위에 3번 적어 보자. 무의식이 알아차리게끔, 하지만 최대한 작게 적는다.

4. 2~3번을 일주일간 연습한다. 그쯤이면 새롭게 현실을 인식하게 된다. 그다음 다시 당신의 마음을 들여다보고, 그전과 비교해 원하는 것이 바뀌었는지 살펴보자. 바뀐 점이 있다면 그 변화를 반영해 새로운 문장을 완성하고 다시 2~3번의 과정을 반복한다.

아마도 30일 동안 당신의 소망은 서너 차례 바뀔 것이다. 회복이 진행되는 동안 생각이 더욱 대담해지고 희망으로 가득 차는 경험을 하기 바란다.

단 두 가지만 기억해라. 첫째, 자신의 소망을 가슴속 깊이 믿어야 한다. 둘째, 소망을 이룸으로써 그로 인해 피해를 입을 사람은 아무도 없음을 알아라.

25일 날
부활하기

경험이란 나에게 일어난 일이 아니라
그 일에 대해 내가 한 행동이다.
- 헉슬리

새로운 느낌

헤어진 상대에 대해 가졌던 열망을 기억하는가? 이별을 하고 얼마 지나지 않은 동안에는 갑자기 배가 뒤틀린 듯한 기분이 들기도 한다. 아직도 이별 직전과 같이 상실의 아픔이 강력히 남아 있는가?

좀 더 자신에게 솔직해 보자. 현재 당신의 내면 상태는 어떠한가? 이별의 아픔 따윈 사라졌는가? 그렇다면 그 사실로부터 굉장히 많은 교훈을 얻을 수 있다. 당신이 놓쳤다고 생각한 사랑, 당신의 행복에 없어서는 안 될 것 같던 그 사랑이 사실은 착각이었을 수 있고 어쩌면 그렇기에 그 사랑을 떨쳐 버릴 수 있었는지 모른다.

이 책의 서두에서 말했듯, 착각에서 빠져나오는 것은 중독 증세를 이겨 내는 것처럼 어려운 일이다. 그러나 그 착각으로부터 빠져나오면 '새로운' 미래에 대한 선택의 자유가 생긴다. 단, 한 가지 부딪히게 될 딜레마가 있는데 바로 '새로운'이라는 말이 불러올 수 있는 혼돈이다.

일부 심리 치료사는 사람의 감정은 다양하고 복잡한 기쁨 그리고 고통을 섞은 것과 같다고 말한다. 또한 이르면 6살 즈음 일생에 걸쳐 경험하게 될 감정의 컬러를 전부 갖추게 된다고 한다. '새로운' 평화를 만끽하기 위한 열쇠는 당신 안의 순수함을 '다시' 배워 나가는 것이다.

한쪽으로 치우치지 않고 정상적이며 위태롭지 않게 서로 사랑하는 관계 안에서는 진정으로 자신을 사랑하는 법 또한 배우게 된다. 만일 그렇지 못한 관계라면 잘못된 인연으로 맺어진 것이 아닌지 의심해 볼 수 있다. 자신 안의 진정한 아름다움과 순수를 볼 수 없는 상태에서는 타인의 인정과 승인에 의존하게 된다. 자신만의 창조적 기쁨을 누리지 못하고, 순수한 사랑으로 자기 자신과 세상을 경험하지 못한다.

예전 당신은 잘못된 관계를 지속함으로써 벽에 머리를 부딪치는 것 같은 무모한 행동을 했지만 이제는 그것을 멈춘 지 오래다. 다시 그 같은 경험을 반복할 필요가 없다.

새롭게 충전된 자기만의 느낌으로 다시 태어나 자신의 감정을 밑바닥까지 파악하고, 좀 더 풍요로운 경험을 향해 발을 내디딜 준비를 하자. 당신의 내면에 숨어 있는 아름다운 아이의 모습을 다시 회복하면 놀라운 기쁨을 경험할 것이다. 세상을 바라보는 시선 또한 풍부해지고 확장된다.

주위를 둘러보자. 어떤 새로운 가능성을 찾을 수 있는가? 이때 마음의 준비를 단단히 해야 한다. 슬그머니 과거의 감정이 가슴속에 파고들 수도 있다. 오랫동안 잊힌 감정이라도 언제든 다시 살아날 수 있음을 기억해야 한다.

슬픔, 신, 그리고 기부

이별은 당신에게 큰 고통을 안겨 주었다. 당신은 그러한 고통이 멈추기를 바란다. 그래서 그것을 무시하고, 멀리하고, 자신과 관계없는 것처럼 행동하려고 한다. 어떤 사람들은 능숙하게 고통으로부터 멀어지는 것처럼 보인다. 하지만 이는 단지 자신의 감정을 억누른 것뿐이고 그 압력을 이기지 못하면 시한폭탄처럼 폭발해 버린다.

많은 사람들이 칼날 위를 걷듯 정신적으로 위태롭게 살아가고 있다. 자신의 의지로 자기 파괴적인 행동을 꺾을 수 있다면 다행이지만 단순히 감정을 억제하고자 한다면 어느 순간 수많은 문제가 봇물처럼 터져 나올 수 있다. 극단적인 경우, 강박적 신경 이상 증세를 보이거나, 섹스나 약물에 중독되기도 한다. 그렇다면 어떻게 상실의 고통을 다뤄야 할까?

12단계의 구원

1935년 미국 시카고에서 시작된 알코올중독자 갱생회alcoholics anonymous는 세계적 모임으로, '12단계' 프로그램으로 진행된다.

1단계 : 우리는 알코올에 무력했으며, 우리의 삶을 수습할 수 없게 되었음을 시인했다.

2단계 : 우리보다 위대한 힘이 우리를 본정신으로 돌아오게 할 수 있음을 믿게 되었다.

3단계 : 우리가 이해하게 된 대로, 신의 돌보심에 우리의 의지와 생명을 맡기기로 결정했다.

4단계 : 두려움 없이 우리 자신에 대한 도덕적 검토를 했다.

5단계 : 우리의 잘못에 대한 정확한 본질을 신과 자신에게, 그리고 다른 어떤 사람에게 시인했다.

6단계 : 신께서 이러한 모든 성격상 결점을 제거해 주도록 완전히 준비했다.

7단계 : 겸손한 신께 우리의 단점을 없애 주기를 간청했다.

8단계 : 우리가 해를 끼친 모든 사람의 명단을 만들어 그들 모두에게 기꺼이 보상할 용의를 갖게 되었다.

9단계 : 어느 누구에게도 해가 되지 않는 한, 할 수 있는 데까지 어디서나 그들에게 직접 보상했다.

10단계 : 인격적인 검토를 계속해 잘못이 있을 때마다 즉시 시인했다.

11단계 : 기도와 명상을 통해 우리가 이해하게 된 대로의 신과 의식적인 접촉을 증진하려고 노력했다. 그리고 우리를 위한 그의 뜻만 알도록 하고, 그것을 이행할 수 있는 힘을 달라고 간청했다.

12단계 : 이러한 단계를 수행한 결과 우리는 영적으로 각성되었고, 알코올중독자들에게 이 메시지를 전하려고 노력했으며, 우리 일상의 모든 면에서도 이러한 원칙을 실천하려고 했다.

이들은 계속해 효과적인 새로운 방법을 개발하고 있다. 이 모임의 참가자들은 대개 스스로를 통제할 수 없는 절망스러운 단계에 이르러서야 문제의 해결책을 찾으려는 사람들이다. 그들은 같은 문제를 가진 이들끼리 모여 자신들을 괴롭히는 술, 성적 충동, 약물 등의 적에 무방비로 노출되었음을 끊임없이 인식하는 교육을 받으며, 치료를 위한 어려운 발걸음을 뗀다.

무신론자를 위한 방법

알코올중독자 갱생회는 프로그램 내용에서 알 수 있듯 신앙과 관련되어 있다.

어떤 기관도 무신론자나 불가지론자에게 갑자기 신앙을 찾으라 거나 종교적인 깨달음을 종용하지는 않는다. 다만 자신의 내면을 바라보고, '나는 나다'는 에고의 의미를 넘어 커다란 존재에 대해 생각해 보라고 제안한다.

사람은 자신보다 더 커다란 존재를 본능적으로 느낀다. 그 존재를 우리 자신 또는 하늘의 섭리로 부를 수 있다. 어떻게 부르든 간에 그 앞에 자신을 내려놓는 것이 중요하다. 이게 대체 무슨 의미일까?

이를테면 외부에서 봤을 때, 당신은 타인에 대한 기억에 사로잡혀 무기력한 삶을 사는 것으로 비칠 수 있다. 상실의 아픔으로 나락으로 떨어진 경험이 있다면 자신의 간절한 마음을 커다란 존재에 맡겨 보아라.

고백을 위한 장소

마음 편히 자신을 고백할 장소가 필요한가? 종교적인 공간은 어떨까? 종교의식이 진행되지 않는 동안 일반인에게 개방된 교회나

절을 찾아가 마음의 평화와 사색의 시간을 구할 수 있다. 규모가 큰 몇몇 병원 또한 종교적인 편의 시설을 갖추고 있다. 신성한 분위기는 변화를 갈구하는 사람의 마음을 집중시키는 환경을 제공한다.

　종교적인 고백을 원치 않는다면, 타인을 돕는 역할을 하는 것은 어떨까. 단순히 한 존재에게 다가가는 것만으로 당신 안에 잠재된 순수함을 새롭게 하는 기회를 만들 수 있다. 도움의 손길이 필요한 어린아이들, 노숙인, 빈민, 육체적으로 고통받는 사람들에게 기꺼이 시간을 내주자. 누군가를 연민함으로써 그의 고통을 함께 하기를 두려워하지 말자. 정말 도움이 필요한 사람에게 아낌없이 자신을 내주면 당신의 고통 또한 줄어드는 것을 발견할 것이다.

26일 날
용서하기

당신을 만나는 모든 사람이 당신과 헤어질 때는
더 나아지고 더 행복해질 수 있도록 하라.
-마더 테레사

상대를 축복하기

오늘의 주제는 '용서하기'이다. 서서히 이별의 고통으로부터 회복되어 가는 시점에서 당신에게 크나큰 상처를 입힌 사람을 용서한다는 것이 의아한가?

누군가를 용서한다는 것은 무척 힘든 일이기에 지금껏 이 과정을 유보해 왔다. 이것이 얼마나 힘든 일인지 잘 알고 있기 때문이다.

어쩌면 전 연인에 대해 남은 감정 따윈 없다고 말하면서도 주변 사람들에게는 당신이 내뿜는 화와 고통이 그대로 드러나고 있을지도 모른다. 당신은 어떠한 사람인가? 전 연인에게 축복을 빌어 주거나, 그 사람을 용서하거나, 단 한 번의 호의조차 베풀 생각이 없는 사람인가?

과거 연인과 처음 인연을 맺게 된 데는 당신에게도 일말의 책임이 있지만 일단 그 사실은 제쳐 두기로 하자. 또한 과거 연인에게 마음을 빼앗길 정도로 끌렸었다는 사실도 잊기로 하자. 만약 과거 연인과 관련한 좋은 감정이든 나쁜 감정이든 그 모든 느낌을 완전히 떠나보내지 못하면 그 감정의 덫에 빠질 수 있다는 것만 기억하라.

만일 과거 연인이 얼마나 못된 사람이었는지 다른 사람에게 단순히 말하고 다니는 것에서 나아가 그것을 주장하기까지 한다면 그 말을 듣고 있는 상대는 당신이 과연 온전한 사람인지 의심할수도 있다. 심지어 그 사람은 당신에게서 등을 돌려 버릴 수도 있다. 새로운 친구 혹은 새로운 연인은 당신이 전 연인에 대해 험담하는 것을 들으며 훗날 자신이 '못된 사람'으로 남지 않을까 불안해할 수도 있다.

이가 빠진 컵에 물을 담아 마시면 자꾸 옆으로 물이 새는 것과 같이, 악의적인 감정을 품고 있으면 언제 그것이 입 밖으로 쏟아질지 알 수 없다. 더군다나 과거에 대한 씁쓸한 감정을 자꾸 끄집어내려는 경향이 있다면 누군가를 만날 때마다 자꾸 그와 같은 행동을 하게 될 것이다.

누군가를 사랑하면 그 사람을 둘러싸고 모든 꿈과 계획을 세우게 되는데 이별 후 꿈이 모두 빠져나가 버리면 궁지에 몰린 듯한 느낌을 받게 된다. 이러한 상황에서는 자신에 대해 책임을 지고 발전하기 위해 노력하기보다는 주체할 수 없는 화를 다른 사람에게 돌리는 것이 훨씬 쉬워 보인다.

상대가 먼저 믿음을 저버리고 떠나 버리면 그 사람을 미워하거나 아니면 적어도 큰 실망을 느끼고 그를 비난하게 된다. 그런데 아무리 그 감정이 비난이라 하더라도 계속 어떤 감정을 품고 쓰라린 경험으로 고통스러워하는 한 미래의 희망이 사라지고 그 부적절한 감정의 영향력하에 놓이게 된다. 원망스러운 그 상대에게 자신의 감정을 통째로 내주는 것과 같다.

바로 이런 이유 때문에 과거의 상대를 용서하고 축복해야 한다. 속으로는 이를 갈면서 그 분노를 억제하고 억지 미소를 짓는 건 쓸데없다. 상대의 가는 길을 진심으로 축복하고, 그가 최선의 삶을 살기를 기원해야 한다. 그 사람이 새로운 연인을 만나 좋은 관계를 맺게 되었다면 진심으로 두 사람의 관계를 기쁘게 받아들여야 한다. 그 사람이 과거 당신에게 그러했듯 사랑에 최선을 다하지 않으리라 판단할 것이 아니라, 새로운 상황에서는 최선의 모습을 보여 줄 것임을 믿어야 한다.

이렇게 그 사람을 진실로 떠나보내게 되면 당신은 스스로가 만든 굴레에서 벗어나 자유를 만끽하고, 사랑하고 사랑받을 수 있게 된다. 물론 절대 쉬운 일은 아니다. 오히려 계속 화를 내는 것이 더 쉬울지도 모른다. 하지만 그렇게 되면 시간만 소모적으로 흐를 뿐 아무런 할 일이 없어진다. 단지 자신의 정당성을 주장하며 쓰디쓴 기분을 맛볼 뿐이다.

과거 연인이 당신에게 실망을 안겨 준 일들을 하나하나 말해 보자. 어떻게 당신이 좌절해야 했는지, 포기해야 했는지 이야기해 보자. 그다음, 그 이야기에서 당신을 바깥으로 끄집어내자. 그리고 원한, 분노, 사랑과 복수에 대한 욕망을 모두 버리자. 조금이라도 고통스러웠다면 그 순간에서 자신을 빼내자. 이 과정을 통해 어쩌면 당신은 한 인간이 행복해지기 위해 발버둥 치는 모습을 발견할지도 모른다.

그리고 나서 그 사람이 당신에게 가르쳐 준 모든 것을 떠올려 보자. 그 가르침이 당신의 남은 인생에서 얼마나 중요한지 음미해 보자. 전화나 편지를 하지 않고 오직 마음속으로만, 일깨워준 것들에 대해 그 사람에게 감사함을 전해 보자. 인생의 교훈을 힘들이지 않고 얻는 것은 행운이다. 또 어렵게 배운 교훈은 남은 평생의 고통을 피할 수 있는 지혜를 준다. 값진 경험으로부터 그것을 깨닫게 해 준 사람에게 고마움과 함께 행운을 빌자. 그리고 이제 그 사람을 진정으로 떠나보내자.

이러한 단계를 통해 가슴속 응어리를 효과적으로 제거하고, 과거 연인과 함께 했던 의미 있는 즐거운 추억을 음미할 수 있길 바란다. 또한 당신의 가슴속에서 되살아나기만을 기다리고 있던 낙관주의가 아름답게 태동하는 것을 느끼길 바란다.

상대의 축복을 바라는 일은 그 사람에 대한 모든 책임으로부터 물러나는 것을 뜻한다. 당신은 그 사람의 일에 개의치 않을 것이고, 그는 앞으로 혼자 모든 일을 헤쳐 나갈 것이다. 또한 간혹 상대와 해결해야 할 일이 있더라도 그 사람 앞에서 평정심을 잃지 않고 의연하게 행동할 수 있게 된다. 다른 사람과 대화를 통해 다툼을 해결할 수 있는 것처럼 그 사람에게도 차분하게 자신의 권리를 요구할 수 있게 된다.

당신 안에는 타인과 나누고자 하는 풍성함, 앞으로 이루고자 하는 수많은 꿈이 가득 차 있다. 타인과 사랑을 주고받는 능력은 힘의 근원이 된다. 어느 장소에서든 마음을 다부지게 먹고 가슴속에서 우러나오는 미소를 지어 보자. 당신 앞에 어떤 일들이 일어나는지 경험해 보자.

낯선 사람과의 사랑

테라피스트 로버트 문거선Robert Mungerson은 이렇게 말한다.

"완전히 모르는 사람과 친밀해지는 것이 가장 쉽다. 아는 사람에게는 자신을 드러내는 것이 부담스럽다. 친구와는 우정에 나쁜 영향이 미칠 것이 염려스러워 때로 이야기를 털어놓기가 부담스럽고, 연인은 두말할 필요 없이 가장 위험부담이 크다."

경우에 따라, 자신의 모습을 온전히 드러냄으로써 그로 인해 둘 사이에 틈이 벌어져 이별에 이르기도 한다. 인간관계에서 있는 그대로의 자신을 드러내기란 좀처럼 쉽지 않은 일이지만, 그럼에도 거리낌 없이 누군가와 친밀한 관계를 맺는 것은 인간관계의 가장 이상적인 형태로 여겨진다. 이러한 이상적인 인간관계를 누구와 어떻게 맺을 수 있을까? 과연 가능하기는 할까? 상실로 인한 고통에서 벗어나는 법을 가르쳐주는 학교라도 찾아가야 할까?

사랑의 학교

타인과 무조건적인 공감대를 형성할 수 있는 법을 이야기하려고 한다. 이 방법은 가능한 일찍 시작하는 것이 좋고, 능숙하게 익힐 수 있다면 타인과 텔레파시가 통한 듯한 놀라운 경험을 하게 될 것이다.

어떤 방법으로 가능할까? 우선 처음 만난 낯선 사람과 교감을 나누는 것부터 시작하자. 어떤 말도 필요 없다. 다만 눈으로, 마음속으로 비밀스러운 사랑을 나누는 것이다. 상대는 당신의 행동을 모르고 있다 해도 상관없다. 그저 당신 자신이 상대와 사랑을 나누고 있음을 알고 있다면 그뿐이다.

구체적으로, 가장 먼저 당신이 할 일은 '장소'를 찾는 것이다. 사람이 붐비면서도, 눈에 띄지 않게 조용히 앉아 있을 만한 곳을 찾아라. 자리를 잡고 편안히 앉아 몇 초든 몇 분이든 지나가는 사람을 관찰할 수 있는 곳이 좋다.

장소를 정했다면, 지나치는 수많은 사람 가운데 유독 주의를 끄는 한 사람을 선택해 그를 주시하라. 그 대상을 계속 보고 있노라면 어쩌면 다소 이상한 기분이 들지도 모른다. 한번 자신이 그 사람을 사랑하고 있다고 생각해 보자. 감정을 부추기기 위해 마음속으로 '당신을 사랑합니다'라는 말을 반복해 보자. 만일 이 시도가 성공한다면, 당신은 실제로 마음의 문이 열린 듯한 기분이 들 것이다. 상대가 당신의 존재를 알지 못한다 해도 누군가를 사랑하게 되면 마음의 문이 열린다.

계속 진행해 보자. 그 사람을 주시하며 사랑한다고 되뇐 지 얼마 지나지 않아 왠지 그에게서 친숙한 느낌을 받게 될 것이다. 또한 의식적이든 무의식적이든 간에 그 사람이 현재 경험하고 있는 것을 당신 또한 느낄 수 있게 된다. 어쩌면 생각보다 많은 사람이 슬픔과 고립, 외로움의 느낌을 당신에게 전달할지도 모른다. 그때 당신은 그들에게서 위안을 얻고, 상실의 아픔을 이해해 줄 동지를 얻게 될 것이다.

잠깐 시선을 주는 것만으로도 쉽게 낯선 이를 사랑할 수 있을 때까지 가능한 자주 이러한 연습을 해 보자. 그런 다음 친구를 만나 상대가 눈치채지 못하게 그에게 관심을 기울여 보자. 그 친구를 얼마나 적극적으로 사랑할 수 있는지 알아보자. 만일 실패한다면 어떤 두려움이 당신의 노력을 방해하는지 살피고, 성공한다면 적극적으로 사랑하기 위한 노력을 통해 친구의 어떤 새로운 면을 알게 되었는지 생각해 보자.

언젠가 이 방법을 통해 당신이 온 마음을 바쳐 사랑하게 될 누군가를 만나게 된다면 더할 나위 없는 즐거운 경험이 될 것이다.

27일 날
이상주의

속마음 드러내기

아직도 당신이 상처를 받고 있다고 느낀다면 감정 과잉으로 인한 것이 아닌지 확인해 볼 필요가 있다. 감상에 빠져 있지는 않은가? 자신의 상태를 알기 위해 다음과 같은 질문을 해 보자.

당신은 존재하지 않는 것을 갈구하고 있는가? 과거에는 있었지만 현재는 상실해 버린 것으로 인해 문제가 발생했다고 생각하는가? 아무도 당신의 생각에 이의를 제기하지 않기에 이러한 감상적 사고는 소모적으로 흐를 수밖에 없다.

일어나지 말았어야 할 일이 당신에게 발생한 것은 사실이다. '한 수 있는 가장 확실한 방법이다. 바람이 간절하면 간절할수록 두려움을 쫓아 버릴 수 있다.

사랑의 전쟁터에는 시체들의 잔해가 어지럽게 널려 있다. 죽은 혹은 죽어가는 이들이 자리를 차지하고, 어디를 둘러봐도 상실한 가슴의 파편이 널려 있다. 얼마나 많은 사람이 사랑 때문에 지옥 같은 고통을 감내해야 했던가. 그럼에도 과거의 실망스러웠던 관계의 기억에 묶여 새 길을 모색하지 않는 건 슬픈 일이다.

당신을 괴롭게 했던 과거의 연인들은 모두 떠나고 없다. 그들은 한때는 사랑의 대상이었지만 끝에는 그다지 좋은 감정이 남아 있지 않았을 것이다. 그럼에도 왜 과거의 인물들이 현재까지 당신의 삶에 영향을 끼치는 걸까? 왜 그들이 현재 당신의 삶을 차지하도록 내버려 두는 건가? 이런 상태가 지속되면 미래마저 빼앗기고 만다.

현대인들은 불안한 시선을 가지고 있다. 어떤 연인 관계도 장기적인 관점으로 봤을 때는 상대에게 충분한 보상을 이끌어 내지 못할 거라는 씁쓸한 믿음이다.

"그 남자는 충분한 돈을 벌어 오지 못할 거야."

"그 여자가 날 언제까지 믿어 주란 법은 없지."

만약 그가 충분히 돈을 벌거나 그녀가 흔들리지 않아도 다른 변명을 만들어 낼 것이다.

번 데면 두 번째는 조심스러워진다'는 말처럼, 그렇다고 해서 새로운 기회를 회피하거나 더는 새로운 걸 배우려고 하지 않는 행동이 당연하다고 여겨지는가? 지나치게 감상에 빠져들게 되면 다른 사람의 말 따위는 귀담아들을 수 없는 지경에 이르고 만다. 어느 누구도 당신의 쓰디쓴 영혼을 달랠 수 없는 것이다.

기억상실에 걸려 과거의 기억이 모두 지워져 버린다면 더는 고통스럽지 않을까? 바보처럼 아무것도 의식하지 못하는 상태가 되면 과연 행복할까? 기억상실은 기껏해야 불안한 축복에 불과하며, 그에 대한 희생 또한 감수해야 한다.

흔히 사람들이 말하듯, 시간은 상처를 아물게 한다. 처음에는 가장 아픈 상처의 기억을 지울 것이고, 그다음은 새로운 기회를 위한 준비를 도울 것이다. 시간은 또한 우리를 나이 들게 하며, '방황하는 사이 새로운 기회는 모두 날아간다'는 깨달음을 주기도 한다.

사라진 사랑으로 인한 아픔을 또 다른 무의미한 관계로 메우기 위한 행동은 공허함을 가져올 뿐이다. 만일 미래에 누군가와 사랑을 나누고 싶다면, 사랑 가득한 삶을 살기 원한다면 진정으로 마음을 열고 그 사람에게 사랑을 나누어 줄 수 있어야 한다. 그리고 상대에게 뭔가 구체적인 사랑의 대가를 기대하지 말아야 한다. 이것이야말로 우리가 흔히 그러하듯 겁먹은 짐승처럼 행동하지 않을 오늘날 진정한 행복을 찾기 위한 노력은 많은 용기를 필요로 한다. 꼭 다른 사람과 맺어져야 할 필요는 없지만 어떤 대상에 자신을 충실히 맡길 수 있고 그럼으로써 행복할 수 있다면 그걸로 족한 것이다. 당신이 삶에서 사랑을 나누고자 한다면 행복은 저절로 따라온다. 그러나 의심과 불신이 가득하다면 불행하게도 어떤 의미 있는 혹은 행복한 관계는 맺지 못한다.

다른 사람에 대한 비난을 멈추고, 열린 가슴으로 누군가를 사랑하게 되면 삶은 더 나은 방향으로 순항하게 된다. 그 사람을 만남으로써 지금의 공허하고 활기 없고 씁쓸한 반쪽 관계를 청산할 필요가 있음을 깨닫게 될 것이다.

그렇지만 만일 새로운 연인이 당신의 옛 상처를 치료해 준다든지 혹은 나락으로부터 빠져나오도록 구원병 역할을 해 주리라고 기대한다면 둘 사이의 친밀감은 사라지고 만다. 사랑을 주고 또 사랑을 받기 원하는 순수한 사람을 구태의연한 캐릭터로 만들어 당신의 슬픈 연극에 등장시키는 것과 같다. 그러면 피할 수 없는 일이 벌어진다. 최악의 시나리오는 가슴속 응어리진 분노를 그 사람에게 투영해 화풀이 대상으로 삼는 것이다.

심리학자 칼 융은 이런 말을 했다.

"이상적인 관계란 둘이 함께 같은 바다에서 수영을 하고 나서도 돌아올 때는 각자 다른 뭍에 도달하는 것이다."

상대에게 자신의 실제 모습을 온전히 드러낼 수 있다면 그 사람과 사랑스럽고 친밀한 관계를 맺는 데 대한 불안감을 덜게 된다. 또한 상대가 자신을 어떻게 생각할까 걱정하는 마음을 버리면 자유롭게 사랑을 주고받을 수 있다. 두려움과 불안으로부터 억지로 만들어진 관계와 비교해 봤을 때 그 결과는 뚜렷한 차이를 보인다.

지금 당신이 두 발을 딛고 서 있는 곳은 어디인가. 당신이 관심을 가지고 있는 그 사람 또한 그곳에서 시간을 보내고 싶을 만큼 따뜻하고 해가 드는 장소인가? 아니면 희생양이 빠져들기를 기다리는 어둡고 음습한 늪인가? 간단한 행동의 변화만으로, 당신이 딛고 선 그 자리가 사랑과 지지가 가득한 기분 좋은 곳으로 바뀔 수 있다. 진정한 기쁨과 충만함의 의미를 깨닫는다면 말이다. 인간은 태어날 때부터 행복을 누릴 권리를 가졌다. 이와 같은 이해와 믿음을 바탕으로 한다면 당신의 자리를 깨끗이 청소할 수 있다.

어떤 사람은 개인적인 내밀한 통로에 의해 스스로 완전한 회복을 이루지만 반면 어떤 사람은 친구, 서적, 시간 혹은 상담과 같은 많은 도움과 조정을 필요로 한다. 사랑을 받고 사랑을 줄 수 있는 마음의 문을 여는 데 어떠한 노력이 필요하다 해도 가능한 그것이 빨리 이루어지도록 해야 한다.

척도 바꾸기

과거 연인을 마음속에서 지우기 위한 가장 기본적인 방법 중 하나는 상대에 대한 중요성의 척도를 바꾸는 것이다. 즉 그 사람 혹은 그에 대한 기억을 다른 관점에서 바라보는 것이다.

한때 당신의 인생에서 가장 소중했던 사람일지라도 이별을 하고 얼마 지나지 않아 단지 기억의 한 조각으로 남을 것이고, 어쩌면 그 사람과 함께 한 날들이 그다지 인상 깊은 추억이 아닐지도 모른다. 그러나 그렇게 알고 있는 것과 그렇다고 느끼는 것은 다르다.

어떻게 과거 연인의 중요성의 줄일 수 있을까? 첫째, 최악의 상황을 상상하는 것이다. 최악의 시나리오를 상상하다가 다시 현실로 돌아오면 지금 상황이 그다지 나쁘지 않음을 알게 된다. 둘째, 혼잣말이라도 생각나는 대로 말하지 않고 좀 더 조심스러운 표현을 쓰는 것이다. 이때 주의할 점은, 자신이 마치 비극의 주인공인양 이야기를 지어내지 않는 것이다. 그로 인한 감정적 피해는 고스란히 자신에게 돌아온다.

최악을 상상하기

아직도 과거의 연인이 매력적으로 보이고, 그 사람을 놓친 것을 후회하는가? 그렇다면 한번 최악의 상황을 상상해 보자.

당신은 한 모임에 초대를 받았다. 그곳에는 당신의 전 연인과 그의 새로운 짝도 참석했다. 그 두 사람을 보며 당신은 당황스럽고 조금은 질투가 날 수도 있다. 이러한 상황을 자연스럽게 넘길 수 있을까?

좀 더 자세히 묘사해 보자. 전 연인이 자신의 새로운 짝을 당신에게 소개한다. 당신은 그들에게 어떻게 반응할 수 있을까? 구체적으로 어떤 대화가 오고 갈지 한번 상상해 보자.

성숙하고 품위 있는 태도로 여유롭게 그 상황을 이겨 나가는 모습, 상황을 능숙하게 이끌어 가는 당신을 보며 그 자리에 함께 한 많은 사람이 놀라워하는 모습을 떠올려 보자. 마음속으로 자신이 취할 수 있는 행동을 여러 각도로 그려 보며 상상 속의 자신을 지켜 보자. 싫증이 날 때까지 계속 이야기를 구상해 보자.

당신은 얼마나 오랜 시간이 지난 뒤에 이런 말을 하게 될까.

"이건 어리석은 짓이야! 설사 그런 일이 일어난다 해도 난 완전히 준비가 되어 있어. 벌써부터 이런 걱정을 하며 시간 낭비할 필요가 없어."

"멍청한 짓거리! 더는 지겨워서 못하겠어. 쓸모없는 일."

이제 리허설은 끝났다. 실제로 위와 같은 상황에 처하게 되면, 최대한 정중하고 분명한 태도로 과거 상대와의 만남이 더 이상 당신 삶에 아무런 의미를 주지 않음을 분명히 해라.

말하는 방식

산전수전을 겪은 한 여행 전문가는 이런 말을 했다.

"비행기에서 걸어 나올 수만 있다면 매우 안전한 비행이라고 생각한다. 난기류? 문제없다. 어쨌든 안전하게 착륙했으니까."

때로 어떤 일에 대해 말하는 방식이 그 일에 대한 느낌을 결정짓기도 한다. 지친 하루를 보냈다 하더라도 "온종일 힘들었어." 같은 말은 병원에서 깨어났을 때를 대비해 아껴 두는 건 어떨까.

즉, 입 밖으로 말을 내뱉기 전에 좀 더 신중할 필요가 있다는 것이다. 혼잣말을 할 때조차 누군가 당신의 말을 귀 기울여 듣고 있다. 바로 자기 자신이다.

만일 당신이 이별 경험을 자신에게 일어난 최악의 사건이라 말한다면, 그렇게 말함으로써 그 일은 정말 최악의 사건인 것처럼 느껴지게 된다. 반대로 이별은 힘든 경험이었지만 곧 이겨 낼 수 있으리라고 말한다면 실제로 당신은 빠르게 회복할 거라는 확신을 갖게 된다.

정화 의식

마지막으로 미래를 위한 방법은 당신의 기억을 태우는 것이다. 사진 한 장과 편지 한 장만 남기고, 다음 세 가지 방법 중 하나를 택해 과거 연인과 관계된 모든 기억을 불태워 버리자.

1. 상대에게 마지막까지 정중하게 대하고 싶다면, 그 사람에게서 받은 물건을 전부 돌려주자. 그러나 상대를 다시 만날 수 있는 구실로 이용해선 안 된다. 우체국 직원이 당신의 일을 대신해 줄 것이다.

2. 상대를 떠나보내는 의식을 치르자. 이제 더는 소유할 필요가 없는 물건을 불에 태우고, 그 재를 날려 버리자. 그러는 동안 과거의 해묵은 흔적이 현재와 미래로부터 떠나가는 것을 지켜보자.

3. 머릿속을 텅 비워 둔 채 쓰레기통에 필요 없는 물건을 버리자. 답답한 마음을 털어 버리는 의식을 치르는 것이다.

28일 날
감사하기

감사의 날

무엇에 감사하라는 건지 화가 날지도 모른다. 당신의 마음은 이미 이별로 깨져 버렸는데 어떻게 제삼자인 우리가 감사하라는 제안을 할 수 있을까? 당신은 지금 상처를 치유하는 과정에 있기에 감사하라는 말은 아마도 귓가를 스치는 설교조의 말처럼 들릴 것이다.

이별은 대개 고통 혹은 "아, 이제 끝났구나." 하는 안도감을 가져온다. 그러나 대부분의 사람은 설사 상대에게 이별을 통보한 입장이라도 커다란 빈 공간을 느끼게 된다. 사랑과 기쁨이 빠져나가고 빈 공간이 생기면 그 틈새로 쓰디쓴 감정이 채워진다. 오랫동안 당신의 세계가 이렇게 분열되어 있다면 슬픔에 빠져 아무것도 할 수 없다고 불평할 것이다. 그런데 대체 이러한 상황에 무엇을 감사해야 한단 말인가? 누구도 상관하지 않을 텐데.

그럼에도 감사한다는 것은 매우 중요하다. 무시하고 지나치며 감사하지 못한 것들은 대개 떠나가기 마련이기에.

이별은 그 어느 때보다 진실한 태도로 자신의 소중한 것들을 생각할 수 있는 좋은 기회다. 진정 소중한 것이 무엇인지 깨닫게 한다. 당신을 걱정해 주는 가족의 사랑에 감사하고, 늘 곁에 있어 주는 애완동물에게 감사하고, 조용한 장소를 찾아 혼자만의 시간을 가질 수 있음에 감사하고, 상쾌한 공기에 대해, 새로 시작된 하루에 대해, 새롭고 더 나은 삶을 가꿀 수 있는 자유에 대해 감사할 수 있다.

'감사하기' 과정에서 때로 잃어버린 것에 대한 기억이 떠오르기도 하지만 당신이 소유했거나 혹은 소유하고 있는 것을 포기함으로써 현재 남아 있는 것이 무엇인지 돌아보게 되고 거기에서도 감사함을 찾을 수 있다.

때로는 숨을 쉬는 것, 누군가와 미소를 나눌 수 있음에도 감사함이 생겨난다. 이렇게 사소한 것이 가져다주는 커다란 기쁨을 알기 시작하면 점차 변화가 일어난다. 다양한 가치에 대한 깊은 자각과 함께 삶의 새로운 이정표를 세우게 된다.

당신에게 있어 지금 이 순간은 감사함을 느끼기에 아직은 이른 가혹한 시간인가 아니면 살아 있음에 감사함을 느낄 수 있는 최적의 시간인가? 어쩌면 변화는 너무도 당연했던 작은 감사함을 깨닫는 것으로부터 시작한다.

당신은 사랑 가운데 태어났으며, 사랑할 수 있는 능력이 충만한 사람이다. 당신은 온전한 존재로서 다양한 방식으로 사랑할 수 있다. 이것은 또한 인간의 존재 이유이기도 하다. 이로부터 자신을 차단한다면 어떻게 행복한 삶의 면면을 찾을 것인가? 그보다 중요한 건, 자신이 온전히 살아 있음을 어떻게 느낄 수 있을 것인가?

때로 사랑에 상처입은 사람들은 타인을 신뢰하지 않고, 자기 파괴적인 감정을 갖는다. 삶의 과정은 어떤 방식이든 지속적으로 사랑을 경험하는 것임에도, 너무도 많은 사람이 단지 사랑을 상실이라 생각하고 무가치하다고 느낀다. 그럼으로써 그들은 자신에게 스스로 상처를 입히고, 사랑을 두려워하며, 적대감을 드러낸다. 쓰디쓴 과거에 발목 잡힌 채 정말 중요한 것을 누리지 못하는 셈이다. 자신이 가진 사랑을 다른 사람과 나누는 것이 가장 중요한 일임을 잊어버리는 것이다. 이는 겸손, 성숙, 내적인 역량이 부족하기 때문에 일어난다.

이러한 말들이 익숙하게 들리는가? 그렇다면 더 이상 진실로부터 달아나려고 하지 마라. '삶을 사랑하라.'

한번 연습해 보자. 3분 동안, 마음속 깊이 감사할 수 있는 중요한 세 가지를 찾아라. 고마운 것들을 찾을 수 있음에 감사할 수 있는가? 마음먹기에 따라 하늘, 공기, 미소와 같은 평범한 것에서도 감사함을 찾고, 더불어 행복도 얻을 수 있다.

28일 차. 회복 프로그램
출구 열기

전통적인 삶의 지혜는 상실의 고통에 대해 이렇게 말한다.

"고통으로부터 달아날 수는 있지만, 숨을 수는 없다."

하지만 이건 부분적으로만 진실이다. 상실과 거리 두기를 할 수 있는 세 가지 방법을 소개한다.

첫째, 새로운 공간 찾기.

둘째, 새로운 장소에서 새로운 방법으로 아름다움 찾기.

셋째, 새로운 사람 만나기. 그가 당신의 회복을 도울 것이다.

새로운 관점

교육에 종사하는 이들은, 사람은 다른 어떤 감각보다 눈을 통해 많은 것을 배운다고 한다. 오늘은 눈을 통해 세상을 새롭게 보는 법을 배워 보자.

가능하다면 당신에게 새로운 관점을 제공할 장소를 방문해 보자. 많은 비용을 들이지 않고도 가까운 곳에서 찾을 수 있다. 이를테면 버스를 타고 노선 끝까지 가는 것이다. 또한 동행이 없다 해도 혼자 충분히 박물관, 콘서트, 연극 등을 관람하며 즐거운 시간을 보낼 수 있다.

새로운 취미도 만들어 보자. 한 여론조사에 의하면 사람은 육체관계나 복권에 당첨되는 것보다 '배움'으로부터 더 큰 즐거움을 얻는다고 한다. 흥미로운 것을 배우면 자연스레 그쪽으로 관심이 집중되어 점차 상실의 고통으로부터 눈을 돌리게 된다. 관심 있는 강연을 듣거나 마음에 드는 책을 보는 것도 좋은 방법이다.

아름다움 예찬

새로운 곳 혹은 익숙한 곳을 여행하면서 찬찬히 주위를 둘러보며 아름다움을 찾아보자. 아름다움은 신이 자신의 존재를 보여 주는 한 방법이다. 아름다움에서 행복을 찾을 수 없다 하더라도 때로 창조적인 자극을 얻을 수 있다.

언제든 아름다움을 담기 위해 카메라를 가지고 다니는 것은 어떨까. 카메라를 가지고 다니다 보면 좀 더 주위를 둘러보게 되고, 자신에게 기쁨이 될 만한 것들을 찾게 된다.

주위에서 아름다움을 발견할 수 없다면 미처 주의를 기울이지 못했기 때문이다. 집 밖으로 나가 하늘에 떠 있는 구름을 올려다보고, 새소리에 귀를 기울여 보자.

낯선 이에게 다가가기

과거의 상대를 극복하기 전에는 새로운 사랑을 받아들일 준비가 되지 않는다. 그렇다고 새로운 사람을 만날 수 없는 건 아니다. 새로운 관계는 자긍심을 일깨워줄 수 있고, 과거의 상대와 관련되어 있는 주위 사람들보다 객관적인 의견을 제공해줄 수도 있다.

어떻게 새로운 사람을 만날 수 있을까? 타인과 친밀함을 나눌 수 있는 쉬운 방법은 자신과 공통된 관심사를 가지고 있는 사람을 찾는 것이다. 경우에 따라서는 길에서도 쉽게 만날 수 있는데 한 가지 예를 들면 애완동물을 키우는 것이다.

영국 워릭대학교의 연구자들은, 애완견 주인의 행색이 초라하든 매력적이든 간에 애완견이 매개체가 되어 낯선 두 사람이 손쉽게 소통할 수 있다고 말한다. 연구를 주도한 준 맥니콜라스June McNicholas 박사는 다음과 같이 말한다.

"애완동물을 키우는 사람이 그렇지 않은 사람보다 더욱 건강한 상태로 보고되는지 이 연구결과를 통해 이해할 수 있다. 추측건대, 일상적인 사회적 접촉이 늘수록 보다 건강해진다고 볼 수 있다."

어떤 방법이든 간에 매일 새로운 사람과 가벼운 이야기를 나누도록 노력해 보자. 어쩌면 앞으로 새롭게 사귀게 될 그들이 당신의 남은 생애에 있어 커다란 자산이 될지도 모른다.

사람은 자신이 생각하는 모습대로 되는 것이다.
지금 자신의 모습은 자신의 생각에서 비롯된 것이다.
내일 다른 위치에 있고자 한다면, 자신의 생각을 바꾸면 된다.
-얼 나이팅게일, 《가장 낯선 비밀》 중에서

새로운 사람과의 만남

이 책의 목적은 이별 후의 스트레스와 우울을 떨쳐 내는 방법을 제시하는 것이다. 이제 마지막 목표는 당신이 상처를 치유하는 데 필요한 힘을 찾도록 돕는 것이다.

우리가 추천하는 방식은, 인식을 끌어 올려 언제 어디서든 더 나은 선택이 이루어지도록 하는 것이다. 예를 들어, 어떤 사람들은 거의 언제라도 이성을 만날 수 있을 만큼 자긍심이 가득 차 있다. 그들은 스스로 부딪히면서 많은 경험을 얻는다. 반면 어떤 사람들은 이성을 대하는 기술을 종종 잊어버리고, 그릇된 선입관으로 이성을 만나는 자체에 대해 거부감을 갖고 있다. 마치 형편없는 영화를 보고 난 뒤에는 한동안 극장에 가기를 꺼리는 것과 같은 이치다.

어떤 사람들은 과거 연인과 거리 두기를 하기 위해 자신과 어울리지 않는 상대임에도 급하게 새로운 관계를 맺으려고 한다. 사랑에 깊이 빠져들어 희생을 요하는 관계에 휘말리지 않기 위해 계속해서 자주 상대를 바꾸는 사람도 있다. 언제나 선택은 당신 손에 쥐어져 있다. 지금의 선택으로 더 나은 사람이 될 수도, 다시 뒤로 물러서게 될 수도 있다.

새로운 관점을 얻으려면 인식을 넓혀야 한다. 시야를 넓히면 새로운 기회를 분명히 인식할 수 있다. 어떤 기회는 예상보다 빨리 다가오기도 한다. 최상의 기회임을 알아차리는 데는 다소 시간이 걸릴지도 모른다. 이성을 만나거나 사귀는 것을 자제하라는 말은 아니다. 당신은 이와 관련한 결정을 내릴 만큼 성숙한 사람이며 그에 책임을 지게 된다. 다만 누구와 만나든 당신이 정한 기준을 따르기 바란다.

누군가에게 매이지 않고, 자신의 있는 그대로의 모습을 찾아 이를 통해 기쁨을 얻을 수 있다면 당신의 앞날에는 더욱 아름다운 미래가 펼쳐질 것이다. 다음은 자신의 상태를 점검해 볼 수 있는 목록이다. 시간을 가지고 음미해 보길 바란다.

1. 현재 당신의 감정은 어떠한가? 사람의 눈을 가만 들여다보면 그가 자기 확신이 부족한지 아닌지 읽을 수 있다. 잔인하지만, 만일 당신이 자기 확신이 부족한 사람임을 다른 이에게 들키게 된다면 단지 그 이유로 인해 그로부터 이별을 선고받을 수도 있다. 지금 당신의 눈동자가 흔들리고 있다면 낯선 사람들 사이를 배회하는 일은 별 도움이 되지 않는다. 자신이 취약한 상태란 것을 내보였을 때 당신을 돕고 싶어 하는 사람이 나타날 수도 있지만 만일 그에게 정서적으로 의존하게 된다면 또다시 부작용을 겪을 것이다. 누군가에게 의존하는 것은 정서 발달을 저해할 뿐이다.

2. 현재 당신의 겉모습은 어떠한가? 최상의 상태인가 아니면 자신을 방치하고 있는가? 몸 관리를 하고 헤어스타일을 바꿀 필요를 느끼는가? 만약 다른 사람이 보기에 지저분하고 자기 관리를 못하는 이미지로 비친다면, 당신의 가장 미천한 모습만을 닮은 사람들이 주위에 몰려들 것이다.

3. 당신은 어떻게 사람을 만나는가? 장소는 어디인가? 낯선 사람을 만날 때는 어떤 장소가 편하게 느껴지는가? 친구와 갈 만한 장소는 어디인가?

4. 사교성은 어떠한가? 말재주가 뛰어난가? 잘 웃고, 상대를

웃게 만드는 능력이 있는가? 사람들과 잘 어울리는가? 혹 당신 안에서 종종 절망적인 모습이 발견되지는 않는가?

5. 매일 새로운 사람을 사귀는 연습을 하라. 최고의 사랑은 종종 진정한 우정에서 피어난다.

6. 깊이 있고 의미 있는 인간관계를 원한다면 다른 사람의 기대를 만족시키기보다 먼저 자신의 감정적인 필요를 충족시켜라.

7. 쾌락에만 열중해서는 안 된다. 단순히 본능적인 만족을 찾아다니는 행위는 금해야 한다. 사랑이란 이름으로 포장한 과오를 반복하다 보면 결코 성장하지 못한 채 제자리를 맴돌게 된다. 진정한 만족이 어디에서 오는지 깨닫고 그 목표를 향해 꾸준히 노력해야 한다.

8. 다시 누군가와 사랑에 빠지게 된다면 그 사람이 당신을 어디로 이끄는지 분명히 알고 있어야 한다. 그 어떤 것보다 상대의 마음과 그 안의 아름다움을 찾기 바란다.

9. 사랑을 찾기 위해서는 다양한 노력이 필요하다. 사람들은 종종 새로운 이성을 만날 때마다 매번 같은 실수를 저지른다. 당신의 제안에 적극적으로 반응한다고 해서 그 사람이 꼭 맞는 상대라고 확신할 수는 없다. 로맨스가 마법을 부릴 수는 있으나 그

주문을 마스터하는 것은 결코 쉽지 않다.

10. 새로운 연인이 당신의 트라우마를 없애 주기를 기대해서는 안 된다. 당신의 오랜 병을 치유해 줄 상대를 찾아서는 안 된다. 그건 당신의 몫이지 상대의 것이 아니다.

11. 상실의 감정을 지우는 법을 빨리 터득해야 한다. 상대에 대해 확신이 들 때까지 자신의 감정을 하나하나 정리해 나가자. 어떤 사람에 대해 썩 좋은 느낌을 받지 못했다면 신속하게 결정을 내리되 가능한 유연하게 지나치기 바란다. 그렇지 않을 경우 더 많은 고통을 치러야 할지도 모른다.

12. 과거의 관계에서 발생한 상처를 밖으로 드러내지 마라. 걸핏하면 나약한 모습을 보이는 사람으로 비칠 것이다.

13. 마음이 편안한 상태에서 경계심을 늦추고 자신이 누구인지 내밀하게 찾아가자. 상대에게 보여 주고 싶은 진정한 자신의 모습을 찾자.

14. 다른 사람의 실수에 관대해지자. 하지만 본능적 감각을 무시해서는 안 된다. 특히 자신이 무엇을 필요로 하는지 세심하게 살펴야 한다. 상대와 도저히 융화할 수 없는 차이는 초반에 발견하는 것이 좋다. 처음 그 사랑이 아무리 튼실해 보인다 할지라도 풀리지 않는 문제는 결국 그 토대를 무너뜨린다.

남녀 관계에서는 언제나 '외모'와 '심성'의 문제가 대두된다. 외모는 겉모습에 불과하지만 이성에게 어필하는 결정적인 매력일 수 있다. 하지만 동화《백설 공주》의 계모를 보면 알 수 있듯 차가운 마음을 가지면 아름다운 것도 추하게 변할 수 있다.

일반적으로 사람들은 시각적인 자극은 과대평가하면서 심성의 아름다움에 대해서는 과소평가하는 경향이 있다. 그렇지만 실제 남녀 관계를 살펴보면 외모가 아닌 내적인 매력에 이끌려 상대에게 반하는 경우가 많다. 표면적인 아름다움은 시간이 경과함에 따라 시들게 마련이지만, 착한 심성은 지혜로움으로 피어날 수 있다.

당신은 준비되어 있는가? 인간관계를 맺으며 발생하는 사람과 사람 사이의 얽히고설키는 문제에 의연히 대처할 수 있는 자세가 되어 있는가? 진실을 나누는 데 대한 위험부담을 떠안고 새로운 관계를 시작함으로써 이를 자신의 성장 기회를 삼을 자신이 있는가?

한 발 앞으로 나와 세상 속에 발을 담그길 바란다. 다시 사랑에 빠질 준비가 되어 있지 않다 해도, 진정으로 즐길 수 있는 새로운 인간관계를 찾길 바란다.

다시 세상 밖으로 나가야겠다는 결심이 선다면 처음 시작은 어린아이와 같은 발걸음으로 조심스럽게 내딛어라. 익숙한 사람들과 섞여 그들과 부담 없이 어울려라. 이러한 긍정적인 사회적 만남을 통해 우정에 대한 갈증을 해소할 수 있다.

새로운 이성과의 만남은 당신이 온전히 제자리로 돌아갈 뒷날을 기약하는 편이 좋다. 그때가 되어서야 비로소 당신은 좀 더 현명한 선택을 하게 될 것이다.

어떤 형태의 행복을 미래로 가져가게 될지는 전적으로 자기 자신에게 달려 있다. 직접 붓을 들고 남은 삶을 채색해야 한다. 자신만의 아름다움을 발견하려면 스스로에게 자유로움을 허락해야 한다.

두려움 떨쳐내기

자신의 마음을 경주용 자동차에 비유해 보자. 그 차는 무척 빠른 속도로 달리기에 때로는 운전자를 위험에 빠뜨리기도 하고, 엄청난 속도로 A에서 C로 내달릴 경우 중간에 B를 놓치고 지나쳤음을 알아차리지 못할 때도 있다.

무언가 놓친 부분을 알아차리지 못하는 것은 실제로 자신이 경험한 진실을 부정하게 만들 수 있다. 특히 이러한 '부정'은 짜증에서 분노로 치닫는 감정을 표출할 때 여지없이 튀어나온다. 화가 나기까지 두 단계의 과정을 거쳤다는 사실조차 깨닫지 못하는데 그 두 가지는 다음과 같다.

하나는 자신의 약함을 아는 순간인데 이는 자기의 가치가 위협받고 있다는 불안에서 기인한다. 또 하나는 두려움이다. 때로 두려움은 불안에서 공포에 이르는 감정을 경험하게 한다.

대개 사람들은 두려움을 감추고자 도리어 '화'를 내는 경우가 많다. 그 순간 잃어버리는 건 미래에 대한 확신이다. 당신은 과거 상대에 대해 화가 나는가? 당신이 상대를 버렸든, 버림을 받았든 두 사람이 이별에까지 이르는 데 결정적인 역할을 한 것은 바로 '화'일 가능성이 크다.

연인 관계가 끝난 뒤에는 어떤 종류의 두려움이 화를 부추길까? 다음에 열거하는 두려움 중 현재 당신이 느끼는 것은 무엇인지 살펴보자.

"나는 다른 사람에게 매력적으로 보이지 않을 거야. 바보 같아."

"고통이 날 짓누르고 있어. 결국 남은 평생을 감정이 성숙하지 못한 채 살게 될 거야."

"어쩌다 그런 어리석은 선택을 한 거지? 이제 내 자신의 결정은 믿을 수 없어."

"나는 이제 아무것도 가진 게 없어. 이별로 인한 물질적 손실을 결코 만회하지 못할 거야."

보다 더 강하게 자신을 압박해 들어간다면 다음과 같은 내면의 소리를 들을지도 모른다.

"다시는 누구도 나를 사랑하지 않을 거야. 나는 인생의 황금기를 허비하고 말았어."

"이제는 거리에서, 세상에 혼자 쓸쓸히, 내가 가진 짐을 모두 카트에 싣고 다니게 될 거야."

이 같은 두려움이 실제 사건으로 일어날 가능성을 전적으로 부정하는 것은 아니다. 다만 두려움은 아직 일어나지 않은 미래에 가능한 사건이라는 것이다. 반드시 일어나지 않으리라 장담할 수는 없지만 그렇다고 반드시 그렇게 되리라는 개연성 또한 없다. 당신 안의 두려움은 실재하는 것이 아니다. 다만 일어날 가능성을 품고 있을 뿐이다. 피하려고 한다면 막을 수도 있다. 인생에서 일어나는 수많은 사건을 통제할 수는 없지만 당신의 노력 여하에 따라 그러한 고통스러움을 피해 가는 것은 가능하다.

두려움은 실재하지 않는 것이기에 그로 인해 파생되는 분노 또한 대개 아무런 소용이 없다. 그것은 아직 실재하지 않는 두려움, 적어도 아직은 현실로 이루어지지 않은 결과에 대한 두려움을 표현하는 것이기 때문이다. 차분히 마음을 가라앉히고 자신의 두려움과 유약함에 직면할 수 있다면 언제든 최악의 상황은 피할 수 있다.

30일 날
소생하기

졸업

얼마나 놀라운 기회가 당신에게 주어졌는지 알고 있는가? 설렘 가득한 일들이 당신을 기다리고 있다. 무엇이 삶을 채우고 지탱하고 힘을 더하는지 새로운 깨달음을 얻고 당신은 다시 태어났다. 또 한 삶에 어떻게 사랑을 불어넣어야 하는지도 배웠다. 살아 있다는 사실만으로 두근거리며 앞날을 그릴 수 있는가? 만약 아니라면 아직 그 단계까지 이르지 못한 것이다.

'사랑'에 빠졌을 때의 느낌을 기억하는가? 사랑, 달콤함, 그 마법과 같은 느낌, 모든 것을 치유하는 감정. 사랑의 기쁨이 끝없이 채워지기를 갈구하던 그때의 마음을 기억하는가? 또 이와 함께 우리 몸에 활기를 만드는 엔도르핀이란 물질이 몸속에서 생성된다. 마치 중독된 듯한 그런 기분을 다시 느끼고 싶은가?

엔도르핀은 몸속에서 생성되는 물질로 도취 효과를 일으키는 두뇌의 모르핀에 해당된다고 할 수 있다. 그리고 약물처럼 고통을 덮는 역할을 한다. 그러나 사랑이 고통을 덮는 수단으로 사용되어서는 안 된다. 그렇게 되면 결국은 고통을 경감해 주는 부수적 효과를 잃고 말 것이다. 효과를 경험하기 전에 그전보다 더 안 좋은 상태로 돌아가게 될 것이다. 바로 그때 당신이 '사랑'이 아니라 '고통'에 빠져 있음을 발견하게 된다.

사랑은 어리석은 사람뿐 아니라 현명한 사람도 정복할 수 있다. 너무나 많은 사람이 행복에 눈멀거나 절망에 치여 방황이란 덫에 갇힌다. 이렇게 절망적인 영혼들에게는 어떠한 행복도 가능하지 않다. 행복에 눈멀면 자신의 사랑이 완벽하다고 생각한다. 완전히 사랑에 도취되었다면 그것이야말로 순수하고 진정한 사랑이라고 주장할지도 모른다. 그리고 얼마 후, 행복의 불꽃이 타 버리면 그토록 원했던 사랑이 더는 남아 있지 않음을 깨닫게 된다. 어느 누가 사랑이 사라진 이유를 설명할 수 있을까?

'사랑만 있으면 모든 것이 가능하다?'

실제로 사랑은 큰 힘을 발휘하기도 한다. 그러나 사랑이 당신의 가슴을 울리며 통과할 때 다양한 형태로 그 모습을 바꾸는 것을 읽어 낼 수 있어야 한다.

지금은 이러한 통찰을 통해 사랑이 정말 무엇인지에 대한 이해를 넓힐 시간이다. 그럼으로써 결코 다시는 사랑을 찾으러 다닐 필요가 없게 된다. 대신 사랑이 매일 당신을 찾아올 것이다. 아이의 웃음으로부터 바람의 속삭임에 이르기까지 모든 것들로부터 말이다.

이 책은 치료를 위한 목적 이상을 가지고 있다. 상실로 인해 너무나 깊은 상처를 입지 않도록 하고, 몸과 마음을 한 번도 경험해 보지 못한 수준으로 강인하게 만드는 법을 알리고 있다. 경쟁이나 게임에서 이기기 위한 강함이 아니라 사랑, 두려움, 죄의식, 수치심에서 자유롭게 하기 위함이다.

마음의 정원

  과거 상대에게 언제 처음 사랑을 느꼈는지 기억하는가? 그때 당신의 마음은 로맨틱한 사랑에 빠질 준비를 하고 있었다. 존재의 중심이 로맨스를 향해 열려 있었다. 로맨스가 지속되는 동안 당신은 사랑의 양분을 충분히 흡수했다. 그러다 서서히 혹은 갑작스레 사랑이 사라졌을 때, 아무런 열매를 맺지 못하고 죽어 가는 관계에서 애써 상대의 마음을 얻고자 하는 자신을 발견했을 것이다. 사랑하는 감정만으로는 정서적인 필요가 충족되지 못하는 상태에 이르게 되는 것이다.

  마음속 정원에 새로운 나무를 심는 데는 준비 기간이 필요하다. 그 나무가 뿌리를 내리는 데는 더욱 오랜 시간이 필요하다. 그보다 최악은 당신이 다른 사람과 바람을 피우면서 그것이 옳은 일인 것처럼 행동했을 경우 그 비밀스런 관계가 성공적일 확률은 극히 줄어들게 된다.

  어떤 사람은 한 번 혹은 여러 번의 쓰라린 고통 뒤에 사랑을 향한 노력을 완전히 포기한다. 이러한 선택은 나름대로 존중받아야 한다. 여성들은 상대의 속옷이나 빠는 것에 넌더리가 난다고 말하고, 남성들은 세탁소에 옷을 맡기러 다니는 것이 지겹다고 말한다. 물론 사랑이 주는 다양한 치유 능력을 믿는 한 사랑에 대한 어떤 의견도 자유롭게 말할 수 있다.

대부분의 사람들은 사랑으로 고통으로 겪은 뒤에도 끊임없이 새로운 사랑을 찾기를 희망한다. 통계청에 따르면, 이혼 여성의 64퍼센트가 재혼을 하며, 남성 또한 근소한 차이를 나타낸다고 한다. 이혼한 상당수의 사람이 전 배우자와 재결합하기도 한다. 누구를 선택해 재혼을 하든 간에 불행하게도 그들은 4명 중 1명꼴로 다시 파경을 맞는다고 한다.

사람들이 말하듯, 사랑은 타이밍이 가장 중요하다. 당신의 정원은 언제 새롭게 가꾸어져야 할까? 대부분의 사람에게 30일은, 새로운 사람을 만날 생각을 하기에는 짧은 시간이다. 추측건대 지금쯤 당신은 헤어진 사람을 만나거나 그와 소통하려는 노력을 끊은 상태일 것이다. 이제는 눈물의 향연에서 벗어나고, 사소한 분풀이를 하는 행동 또한 모두 접었기를 바란다. 그러나 먼저 당신은 헤어진 사람을 용서하고 잊어야 한다.

미래에 새로운 사람과 긍정적이고 건전하고 생산적인 방식으로 관계를 맺고자 한다면, 먼저 자신의 삶을 행복하게 받아들일 필요가 있다. 익지 않은 사랑의 사과를 베어 물었다가 독에 걸린 희생자처럼 행동해서는 안 된다. 진정으로 회복이 된 뒤에 당신은 정식으로 원하는 상대를 만날 수 있다. 그때까지는 담담히 기다려야 한다.

완전히 회복하지 못한 상태에서 누군가를 만나 그에게 어두운 감정을 내보인다면 상대는 부담감을 느낄 것이다. 그렇게 또다시 그 사람을 떠나보내게 되면 당신이 감내해야 할 고통만 늘어나는 결과를 맞게 된다. 또한 허전한 옆구리를 채우기 위해서 누군가를 찾는다면 그것은 커다란 실수다. 이러한 생각들에서 과감히 벗어나라. 아직 사랑의 롤러코스터에 탑승할 준비가 되어 있지 않다면 한쪽으로 물러나 기다리는 것이 현명하다.

그렇다면 언제쯤 다시 사랑을 시작할 수 있는지 어떻게 알 수 있을까? 한번 스스로에게 물어보자. 누군가에게 거절당한다 해도 가슴에 비수를 품지 않고 무덤덤하게 받아들일 수 있는가? 배우자가 있는 사람을 당신의 인생에 끌어들이지 않을 만큼 올바른 결정을 내릴 수 있는가?

또는 새로운 연인이 과거 상대에 대해 궁금해할 경우 지난번의 관계에서 무엇이 잘못되었는지 이야기할 수 있는가? 상대의 관심을 받아들이고 성숙하게 반응할 준비가 되어 있는가? 과거 상대와 겪었던 것과는 다른 방식으로 새로운 연인과 자신의 차이를 좀 더 긍정적이고 생산적인 방향으로 풀어 갈 수 있는가? 과거의 실수로부터 배움을 얻고, 앞으로 더 나은 삶을 설계해 나갈 수 의지가 있는가?

다음 질문에 대해 자신이 어떻게 접근할 수 있는지 구체적으로 방법을 적어 보자. 그리고 언제든지 찾을 수 있는 곳에 놓아두고 필요할 때마다 꺼내 읽도록 하자.

"원하지 않는 상대를 만났을 경우 그 사람에게 친절하면서도 솔직히 거부 의사를 표현할 수 있는가? 상처를 주지 않으면서 상대를 거절할 수 있는가? 당신 앞에 매우 매력적이고 굉장히 호감 가는 상대가 나타날 경우 그 사람에게 압도당할지 모른다는 두려움을 이겨 낼 준비가 되어 있는가? 당신은 사랑 그 자체에 대해 어떤 두려움을 갖고 있는가? 당신의 가슴에 새로운 사랑의 씨앗이 뿌려지는 것을 허락할 수 있는가? 당신은 진정으로 다른 사람의 사랑을 받아들일 준비가 되어 있는가? 혹은 당신에게 지나친 관심을 베푸는 사람이 불편하게 느껴지는가?"

고통이 당신을 아프게 할 때마다 우리가 제시한 연습과 회복 프로그램을 병행하라. 그전에 미처 시간이나 여력이 없어 무심코 넘겼다면 다시 한번 살펴보며 좀 더 안정된 상태에서 시도해 보기 바란다. 계속되는 노력은 당신의 삶을 더 나은 방향으로 이끌 것이다.

　고통은 차치하고 상실만 보더라도, 최근의 이별이 지금껏 살면서 겪은 가장 최악의 경험이라 생각했을지 모르지만 이제 당신은 그 고통을 이해하기 시작했을 것이다. 상실과 회복은 삶의 자연스러운 과정임을 깊이 이해하라. 그것들은 온전한 자신이 되기 위한 일련의 파괴와 재탄생의 일부다. 언젠가 당신은 사랑을 통해 얻었던 경험보다 회복의 과정에서 훨씬 풍부하고 값진 것들을 얻어 냈음을 알게 될 것이다.

　사랑, 상실, 상처와 회복은 삶이 주는 가장 강력한 도구 중 하나다. 삶이 주는 순환의 사이클을 껴안고 자신의 의미들을 새롭게 하자. 이제 상실의 무게를 덜어 낼 시간이다. 그리하여 사랑이 주는 치료의 힘으로 다시 한번 일어설 수 있을 것이다. 사랑은 언제나 당신을 감싸고 있다.

초판 1쇄 인쇄 2017년 3월 23일
초판 1쇄 발행 2017년 4월 3일

지은이 하워드 브론슨, 마이크 라일리
옮긴이 선우윤학
펴낸이 한익수
펴낸곳 도서출판 큰나무
등록 1993년 11월 30일 (제5-396호)
주소 경기도 고양시 일산동구 호수로430번길 13-4 (10424)
전화 031-903-1845
팩스 031-903-1854
이메일 btreepub@naver.com
블로그 blog.naver.com/btreepub

값 13,500원
ISBN 978-89-7891-308-9 (03180)

잘못 만들어진 책은 구입하신 서점에서 교환해 드립니다.